D1668129

Staatszerfall als Problem des internationalen Systems

von

Ulf-Manuel Schubert

Tectum Verlag
Marburg 2005

Schubert, Ulf-Manuel:
Staatszerfall als Problem des internationalen Systems
/ von Ulf-Manuel Schubert
- Marburg : Tectum Verlag, 2005
ISBN 3-8288-8839-9

© Tectum Verlag

Tectum Verlag
Marburg 2005

Vorwort

Diese Arbeit entstand von Oktober 2003 bis Februar 2004 als Diplomarbeit am Otto-Suhr-Institut für Politikwissenschaft an der Freien Universität Berlin und liegt hier in überarbeiteter Form vor. Abschlussarbeiten dienen bekanntlich nicht nur zu der Erlangung eines akademischen Grades, sondern stellen am Ende eines Studiums auch den ersten – und oftmals auch einzigen – Kontakt zur Realität wissenschaftlichen Arbeitens dar. Ohne die Ratschläge und Hilfe vieler Personen wäre die mühselige Umsetzung von der ersten Idee bis zur fertigen Diplomarbeit daher auch nur schwerlich zu bewältigen gewesen. In diesem Sinne möchte ich bei denjenigen bedanken, die durch ihre Unterstützung zum Gelingen dieser Arbeit beigetragen haben.

An erster Stelle sei den beiden Betreuern dieser Diplomarbeit, Prof. Dr. Thomas Risse und Dr. Ingo Peters von der Arbeitsstelle Transatlantische Außen- und Sicherheitspolitik an der Freien Universität Berlin gedankt, die mir während der gesamten Arbeitsphase mit Sachverstand zur Seite standen sowie mir bei inhaltlichen und methodischen Fragen wertvolle Hinweise geben konnten. Darüber hinaus gilt der besondere Dank Dr. Sven Chojnacki, der mich nicht nur der Thematik des Staatszerfalls näher brachte, sondern auch jederzeit zur Entwicklung der Argumentation und zum Aufbau der Arbeit mit wertvollen Ratschlägen zu helfen wusste. Dank auch der Forschungsgruppe Krieg am Wissenschaftszentrum Berlin und dem Privatcolloquium an der Freien Universität Berlin, die durch hilfreiche Kritik und moralische Unterschützung maßgeblich zur Fertigstellung der Diplomarbeit beigetragen haben.

Besonderer Dank gilt auch meiner Familie und meinen Freunden, insbesondere Viola Müller, die mich auch in den schwierigen Zeiten der Entstehung dieser Arbeit immer wieder motivieren konnten, und deren Einfluss auf diese Arbeit nicht hoch genug einzuschätzen ist.

Berlin, im November 2004

Ulf-Manuel Schubert

0. Inhaltsverzeichnis

1. Einleitung

Seit Beginn der 1990er Jahren haben Meldungen über Bürgerkriege, Flüchtlingsströme und Völkermorde in Afrika, Asien und Lateinamerika der internationalen Staatengemeinschaft in aller Deutlichkeit vor Augen geführt, dass das idealtypische Modell des modernen westfälischen Territorialstaates in Teilregionen der Erde in zunehmenden Maße zur Fiktion geworden ist (Debiel 2003: 15; Menzel 2001: 4). Weltweit sind derzeit mehrere Millionen Menschen von den Auswirkungen eines Phänomens betroffen, das mit dem Begriff „State Failure" bzw. „Staatszerfalls" umschrieben wird. Sowohl in der wissenschaftlichen Debatte als auch in der internationalen Politik werden Staatszerfallsprozesse grundsätzlich als ein strukturelles Problem im internationalen System verstanden, und gleichsam als eines der größten sicherheitspolitischen Herausforderungen der Gegenwart angesehen (vgl. Dorff 2002: 10). Zerfallene Staaten stellen dabei nicht nur eine Bedrohung für ihre eigene Bevölkerung dar, sondern gefährden angesichts der Irrelevanz ihrer territorialen Grenzen durch Spill-Over-Effekte zugleich ihre Nachbarstaaten und somit auch die regionale Stabilität (Nicholson 1998: 3). Beispiele wie Afghanistan, Somalia oder Sierra Leone verdeutlichen sowohl die regionalen als auch die überregionalen Auswirkungen von Staatszerfallsprozessen.

Angesichts der Ausbildung anarchischer Strukturen, der Verstetigung von Gewalt, der Fragmentierung von Herrschaft, der Zunahme von transnationaler Kriminalität und der Ausweitung humanitärer Katastrophen haben die gegenwärtigen Staatszerfallsprozesse mittlerweile eine Dimension erreicht, in der sie für das internationale Staatensystem zu einem evidenten Problem geworden sind. Fälle wie Liberia, Sierra Leone oder der Sudan verdeutlichen dabei die zunehmende Diskrepanz zwischen der internationalen Norm staatlicher Souveränität einerseits und der Umsetzung empirischer Merkmale legitimer und effektiver Staatlichkeit andererseits (Holm 1999: 9; Väyrynen 2000: 438). Als Extremform dieser Entwicklung steht die Auflösung staatlicher Strukturen, die nicht nur begleitet wird von neuen Formen substaatlicher Herrschaft, sondern gleichzeitig die Basis für das Entstehen von gewaltsam ausgetragenen Konflikten bildet. Somit tritt in zerfallenen Staaten neben die systemische Anarchie *zwischen* Staaten die Anarchie *innerhalb* von Staaten (Chojnacki 2000: 2).

Insbesondere die Ereignisse des 11. Septembers haben zerfallene Staaten mit Nachdruck in das strategische und sicherheitspolitische Interesse der internationalen Staatengemeinschaft gerückt. Zuvor wurde der Staatszerfall vom internationalen Staatensystem eher beiläufig zur Kenntnis genommen, da die Gefahren für die Stabilität überwiegend regional begrenzt, und für die maßgeblichen Akteure des internationalen Systems nur von geringer Bedeutung waren. Mit der Nutzung zerfallener Staaten als territoriale Basis für transnationale Terrornetzwerke – als eine der größten Bedrohungen für das internationale System zu Beginn des 21. Jahrhunderts – vergrößerte sich jedoch das inhärente Gefährdungspotential zerfallener Staaten auch für die internationale Sicherheit (Carment 2003: 407; Crocker 2003: 32ff; Menkhaus 2003: 1; Takeyh/Gvosdev 2002: 97ff). Staatszerfallsprozesse zeigen daher, dass aus lokalen Problemlagen – insofern sie von der internationalen Staatengemeinschaft ignoriert werden – regionale und globale Risiken entspringen können (Schneckener 2004: 1). Sowohl in der Nationalen Sicherheitsstrategie der Vereinigten Staaten vom September 2002 als auch in der Europäischen Sicherheitsstrategie vom Dezember 2003 werden zerfallene Staaten daher auch als eine der zentralen aktuellen Bedrohungen verstanden (EU 2003: 4; USA 2002: 1). Sie sind somit nicht mehr nur primär Angelegenheiten der Entwicklungspolitik und der humanitären Zusammenarbeit, sondern haben schnell und nachdrücklich Einzug auch in den Bereich der Sicherheitspolitik gehalten. Vor dem Hintergrund dieser Ausgangsüberlegungen und den nachgezeichneten Gefahren lässt sich zusammenfassend festhalten, dass das Phänomen des Staatszerfalls zu Beginn des 21. Jahrhunderts eines der dringlichsten Probleme und größten Herausforderungen sowohl für die internationale Staatengemeinschaft einerseits, als auch für das Fach der Politikwissenschaft andererseits darstellt.

1.1. Fragestellung und Relevanz

Seit Beginn der 1990er Jahre ist das Phänomen des Staatszerfalls Gegenstand politischer und wissenschaftlicher Kontroversen. Die Ansätze, unter denen die Thematik diskutiert wird, sind dabei äußerst vielschichtig. Bislang bleibt festzuhalten, dass das inhärente Gefährdungspotential zerfallener Staaten für die regionale und internationale Sicherheit mehrheitlich anerkannt wird. Umso erstaunlicher ist es allerdings, dass es immer noch an klaren theoretischen Konzepten zur Erfassung dieses Phänomens mangelt, und eine „Theorie des Staatszerfalls" bislang noch nicht vorliegt; Sowohl in der Beschreibung als auch in der Erklärung des Staatszerfallphänomens lassen sich bislang noch keine umfassenden Übereinstimmungen finden. Die entwickelten Ansätze haben daher weder eine allgemeingültige Definition des Staatszerfallphänomens noch einen allgemein-theoretischen Analyseansatz entwickelt und sind bislang wenig systematisiert worden (Mutschler 2001: 15ff). Der Großteil der vorliegenden Studien folgt einem induktiven Untersuchungsschema, bei dem für den jeweiligen Einzelfall Beobachtungen von einzelnen Faktoren mit dem Zerfall des betreffenden Staates in Verbindung gebracht werden. Die Vorgehensweise derartiger Einzelfallstudien bleibt daher rein deskriptiv, und ist insofern problematisch als dass sich aus deskriptiv erfassten Faktoren keine Analyse stützenden Kriterien für die Erarbeitung einer Staatszerfalltheorie ableiten lassen. Aus diesem Grund verfügen die bisherigen Untersuchungen nur über einen geringen allgemeingültigen Erklärungsanspruch und lassen daher nur eingeschränkte Aussagen über das Phänomen des Staatszerfalls und dessen Prozessdynamiken zu (Bakonyi 2001: 15; Carment 2001: 3; 2003: 408).

Vor diesem Hintergrund liegt die hauptsächliche Zielsetzung dieser Arbeit in der theoretisch-konzeptionellen Erfassung des Staatszerfallphänomens, um auf diese Weise bestehende Defizite in der wissenschaftlichen Debatte zu verringern. Die Forschungsfragen richten sich hierbei auf die Struktur-, Prozess- und Akteursdimensionen des Staatszerfalls. Im Hinblick auf die *strukturellen* Elemente des Staatszerfalls stellt sich die Frage, wodurch sich vom Zerfall betroffene Staaten von intakten und funktionierenden Staaten unterscheiden und welche strukturellen Merkmale als charakteristisch für zerfallene Staaten anzusehen sind. Auf der *Prozessebene* bleibt bislang unklar, wodurch der Zerfall staatlicher Strukturen ausgelöst wird. Daher stellt sich die Frage, welche Ursachen Staatszerfallsprozessen zu Grunde liegen. Darüber hinaus soll der Verlauf von Staatszerfall untersucht werden, wobei zu klären ist, welchen Prozessdynamiken der Zerfall von Staaten folgt. Als dritter Aspekt wird ein Blick auf die *Akteursdimension* innerhalb von Staatszerfallsprozessen geworfen. Dabei bleibt die Frage bislang offen, welche Akteure von zentraler Bedeutung für die Ausbildung von Staatszerfall sind, und worin ihr Einfluss auf die Prozessdynamiken besteht. Das theoretische Puzzle besteht folglich – zusammenfassend dargestellt – darin, herauszufinden, welche Ursachen sowohl auf der Akteurs- als auch auf der Strukturebene zur Dynamik von Staatszerfallsprozessen beitragen. Aus methodologischer Sicht geht es dabei um Aussagen, ob und inwieweit ein bestimmtes Set an Bedingungen und Ursachen zu einer Destabilisierung und letztlich zu einem Zerfall von Staatlichkeit beiträgt.

Die Bearbeitung der Forschungsfragen dieser Arbeit ist in mehrfacher Hinsicht von Relevanz. Erstens bedeutet sie angesichts der Defizite in der akademischen Bearbeitung einen Fortschritt in der wissenschaftlichen Erkenntnis: Zum einen können die noch fundamentalen Lücken in den Theorien der Internationalen Beziehungen in Bezug auf das Staatszerfallphänomen aufgezeigt werden, um auf diese Weise auch die Notwendigkeit vertiefender Untersuchungen zu verdeutlichen. Zum anderen sollen durch die theoretisch-konzeptionelle Erfassung des Staatszerfalls die bestehenden Defizite in der Analyse des Phänomens verringert und dadurch Grundlagen für weitere Untersuchungen gelegt werden. Angesichts der Vielzahl an unterentwickelten Fallstudien zerfallener Staaten soll hier zusätzlich ein Forschungsdesign entgegengestellt werden, das Aussagen über Gemeinsamkeiten und Unterschiede von Staatszerfallsprozessen zulässt. Dieses Vorgehen eröffnet darüber hinaus Möglichkeiten der Kontrolle bisheriger theoretischer Ansätze. Zweitens ergibt sich durch die Erfassung der strukturellen Merkmale und die Untersuchung der Ursachen von Staatszerfall auch ein praktischer Nutzen für politische Entscheidungsprozesse. Dabei eröffnen sich neue Analysemöglichkeiten, die im Hinblick auf Bearbeitungs- oder Präventionsstrategien hinsichtlich des Auftretens von Staatszerfallsprozessen von Nutzen sein können.

1.2. Aufbau der Arbeit

Vor dem Hintergrund dieser allgemein-theoretischen Ausgangsüberlegungen gliedert sich die vorliegende Arbeit in folgende Abschnitte: Das anschließende Kapitel 2 gibt eine kurze Einleitung in die Thematik des Staatszerfalls. Daran angeschlossen wird der gegenwärtig heterogene Forschungsstand dargestellt und die bestehenden Defizite und Problemfelder in der wissenschaftlichen Bearbeitung dargestellt. In Kapitel 3 wird zunächst ein Schritt zurück gemacht und der Staat als grundsätzliche Untersuchungseinheit untersucht; Da bereits die Terminologie „Staatszerfall" das (ehemalige) Vorhandensein einer wie auch immer gearteten Form von Staatlichkeit impliziert, ist eine vorangehende Operationalisierung des Staates aus konzeptioneller Hinsicht unumgänglich. Dabei sollen unterschiedliche Aspekte von Staatlichkeit als Grundlage für die Untersuchung des Staatszerfallphänomens erarbeitet werden.

Kapitel 4 dient der theoretisch-konzeptionellen Erfassung des Staatszerfallphänomens. In einem ersten Untersuchungsschritt werden die Prozessdynamiken staatlicher Zerfallsprozesse betrachtet. Darauf folgend werden die strukturellen Merkmale zerfallener Staaten als empirisch wahrnehmbare Ausprägung des Phänomens dargestellt. In diesem Arbeitsschritt werden im Zerfallsprozess befindliche Staaten nach den zuvor in Kapitel 3 operationalisierten Analyseeinheiten von Staatlichkeit untersucht. Auf diese Weise sollen ihre strukturellen Besonderheiten in Abgrenzung zu intakten Staaten hervorgehoben werden.

Kapitel 5 befasst sich mit der Untersuchung der Ursachen von Staatszerfallsprozessen. Unter Berücksichtigung der zuvor erarbeiteten strukturellen Merkmale sollen Aussagen über die Kausalfaktoren des Staatszerfalls aufgestellt werden. In Verbindung mit diesen Merkmalen sollen dabei in einer Synthese die theoretischen und konzeptionellen Merkmale des Staatszerfalls herausgearbeitet werden.

Abschließend sollen in dem 6. Kapitel die zuvor aufgestellten theoretischen Überlegungen unter Rückbezug auf die Realität angewandt werden. Dabei dienen die im 5. Kapitel hervorgehobenen Merkmale des Staatszerfalls als Untersuchungskriterium für eine empirische Fallstudienanalyse. Innerhalb von mehreren Fallstudien soll untersucht werden, ob und mit welcher Ausprägung die theoretisch erarbeiteten Wirkungsfaktoren des Staatszerfalls auch empirisch anzutreffen sind. Durch eine vergleichende Analyse der Einzelfallstudien sollen Aussagen über die Bedeutung der jeweiligen Faktoren innerhalb des Staatszerfallprozesses getroffen werden.

1.3. Methodisches Vorgehen

Der erste Arbeitsschritt sieht eine Operationalisierung des Staates als grundsätzliche Einheit zur Untersuchung des Staatszerfallphänomens vor. Angesichts des Fehlens eines einzelnen Indikators für das Konzept der Staatlichkeit soll der Staat in dieser Arbeit mittels dreier unterschiedlicher Perspektiven operationalisiert werden. Dabei wird zwischen soziologischen, funktionalistischen und formal-völkerrechtlichen Aspekten unterschieden. Die Auswahl dieser Faktoren erfolgt einerseits aus theoretischen Gesichtspunkten und greift auf bisherige Forschungsansätze in der wissenschaftlichen Literatur zurück. Andererseits basiert die Auswahl aber auch auf einer pragmatischen Erwägung, die eine Festlegung des Umfangs der Untersuchungseinheiten auf ein umsetzbares Maß als sinnvoll erachtet. Hinsichtlich der engen Verbindung zwischen Staat und Souveränität im internationalen System werden zusätzlich bestehende Souveränitätskonzepte mit den vorangegangenen Analyseeinheiten kombiniert. Auf diese Weise lassen sich verschiedene Idealtypen von Staatlichkeit im internationalen System unterscheiden: moderne, postmoderne und semimoderne Staaten. Hierbei soll vor allem der Typus des semimodernen Staates untersucht werden, dessen strukturelle Rahmenbedingungen in einer engen Verbindung mit dem latenten Vorhandensein des Staatszerfallproblems stehen.

Auf der Strukturebene werden die staatlichen Zerfallsprozesse anhand der zuvor operationalisierten Analyseeinheiten von Staatlichkeit untersucht. Auf diese Weise können die strukturellen Merkmale des Staatszerfalls in Abgrenzung an semimoderne Staaten anhand soziologischer, funktionalistischer und formal-völkerrechtlicher Kriterien dargestellt werden. Unter Rückgriff auf diese strukturellen Merkmale sollen die ihnen zu Grunde liegenden Ursachen theoretisch erarbeitet werden. Die dabei gewonnenen Faktoren dienen als Bezugspunkte der im Anschluss folgenden empirischen Analyse. Sie sollen zunächst in Einzelfallstudien und anschließend mittels einer vergleichenden Fallanalyse getestet werden (George 1979). Dabei sollen weniger Kausalzusammenhänge als vielmehr Korrelationen der Kausalitäten zwischen den strukturellen Merkmalen des Staatszerfalls und den aufgestellten Ursachen festgestellt werden.[1] Ein gehäuftes und verstärktes Auftreten der Arbeitshypothesen im Fallvergleich lässt auf einen Kausalzusammenhang zwischen den jeweiligen Faktoren und dem zu erklärenden Phänomen des Staatszerfalls schließen (George 1979: 58ff). In Verbindung mit einer Prozessanalyse (*process tracing*) soll die Gefahr einer Ausblendung einer nicht vorab hypothetisierten Erklärung (*omitted variable bias*) so klein wie möglich gehalten (vgl. King/Keohane/Verba 1994: 168ff.) und außerdem eventuelle zusätzliche Einflussfaktoren identifiziert werden (Bennet/George 1997: 5).

Um eine große *unit homogenity* – eine Vergleichbarkeit der untersuchten Fallstudien – herzustellen, wird anstelle einer zufälligen eine vorsätzliche Auswahl der Länder durchgeführt (King/Keohane/Verba 1994: 139ff). Die Auswahl gründet sich auf folgende Punkte:

a) Zeitliche Kohärenz

Bei den Fallstudien soll der zu untersuchende Staatszerfallsprozess in dem gleichen Zeitraum aufgetreten sein, bzw. dort die größte Dynamik entfaltet haben. Auf diese Weise soll sichergestellt werden, dass die Zerfallsprozesse vor einem vergleichbaren historischen Hintergrund aufgetreten sind, und nicht durch das Auftreten von spezifischen ad-hoc Faktoren im internationalen System ausgelöst wurden. Da in dieser

---

[1] Im strengen wissenschaftstheoretischen Sinne nach David Hume lassen sich Kausalitäten in der sozialwissenschaftlichen Forschung nicht beweisen, da nicht beobachtet werden kann, wie eine Ursache eine Wirkung hervorbringt. Dass Kausalitäten eine regelmäßige Abfolge von Ereignissen hervorrufen, kann daher nur vermutet werden (vgl. auch King/Keohane/Verba 1994: 75ff).

Fallstudie unter anderem der Wegfall externer Unterstützung untersucht wird, und diese Variabel eine enge Verbindung mit dem Ende des Ost-West-Konfliktes aufweist (s. Kapitel 5.4.), sollen die beobachteten Staatszerfallsprozesse nach 1989/1991 stattgefunden haben.

b) „Unabhängiger" Prozessverlauf

Vor dem Hintergrund eines aus dem historischen Kontext neuen Typus des Staatszerfalls (s. Kapitel 4) sollen in dieser Arbeit vor allem endogene Faktoren untersucht werden, die als die maßgeblichen Ursachen des Staatszerfalls erachteten werden. Durch dieses Auswahlkriterium soll sichergestellt werden, dass Zerfall staatlicher Strukturen nicht ausschließlich durch externe Einflüsse ausgelöst worden ist – wie beispielsweise im Fall der Demokratischen Republik Kongo geschehen. Das massive Auftreten externer Einflüsse wie beispielsweise zwischenstaatlicher Kriege würde daher zu einer Einschränkung in der Homogenität der Fälle führen. Eine analytische Trennung von endogenen und exogenen Faktoren wird daher als notwendig erachtet.

c) Regionale Verteilung

Um einen regionalen Bias auszuschließen wurden die Fallstudien im Hinblick auf ihre geographische Verteilung ausgewählt. Aus einer ausschließlichen Betrachtung regional zusammenhängender Fälle können keine Rückschlüsse gezogen werden, die über einen allgemeingültigen Erklärungsanspruch verfügen, da sich die beobachteten Ereignisse möglicherweise hauptsächlich auf regionale Besonderheiten zurückführen lassen. In dieser Fallanalyse soll daher nicht ausschließlich auf afrikanische Staatszerfallsprozesse zurückgegriffen werden – wenngleich der Großteil der bisherigen Zerfallprozesse auf dem afrikanischen Kontinent stattgefunden hat (vgl. Esty et al. 1998; Rotberg 2002b; Tetzlaff 2000b) – um auf diese Weise einen „afrikanischen Bias" zu vermeiden. Stattdessen soll im Rahmen der Untersuchungsmöglichkeiten dieser Arbeit eine globale Verteilung von Staatszerfallsprozessen vorgenommen werden. Vor diesem Hintergrund wurden drei Staaten – Liberia, Tadschikistan und Kolumbien – als die zu untersuchenden Fallstudien ausgewählt.

2. Der Zerfall von Staaten – Zum aktuellen Forschungsstand

„The 'failed state' is one of those unsatisfactory categories that is named after what it isn't, rather than what it is."

(Christopher Clapham 2000: 1)

Innerhalb der wissenschaftlichen Debatten hat das Phänomen des Staatszerfalls seit Beginn der 1990er zunehmend an Bedeutung gewonnen. Die Gründe für das neu entflammte Interesse an dem aus historischer Perspektive nicht sonderlich seltenen Ereignis lassen sich vor allem auf zwei Faktoren zurückführen. Während einerseits das temporär verstärkte Auftreten von Staatszerfallsprozessen nach dem Ende des Ost-West-Konfliktes alleine schon aus quantitativen Gründen eine intensivere sicherheitspolitische Auseinandersetzung mit dem Phänomen bewirkte[2], hat andererseits eine verstärkte medialen Verbreitung die internationale Perzeption des Phänomens herbeigeführt.[3] Nachdem Mitte der 1990er Jahre vor allem die weltweit verbreitenden Bilder aus Somalia die inhärenten Probleme zerfallener Staaten in aller Deutlichkeit in den Blickpunkt der Weltöffentlichkeit gerückt haben, wurde insbesondere durch die Terroranschläge des 11. Septembers der Fokus der weltweiten Aufmerksamkeit auf zerfallene Staaten gerichtet, die zunehmend als territoriale Basis für den transnationalen Terrorismus ge-

---

[2] Dieses gehäufte Auftreten erklärt Robert Rotberg mit einem Verweis auf den Anstieg des statistischen Risikos des Staatszerfalls: Das Anwachsen der internationalen Staatengemeinschaft auf nahezu 200 Staaten erhöhe demnach schon rein statistisch das Entstehen von Staatszerfallsprozessen (Rotberg 2002a: 131). Diese Einschätzung ist jedoch aus wissenschaftlicher Sicht äußerst unbefriedigend.

[3] Vgl. dazu Thomas Risse-Kappen: „Auch während des Kalten Krieges gab es Völkermord in Afrika. Aber CNN war nicht dabei, die Menschen starben häufig unbemerkt. Es scheint, dass die heutige Perzeption einer zunehmenden Unordnung in der Welt eher mit der technologischen Revolution auf dem Gebiet der Informationsverarbeitung zu tun, als mit der tatsächlichen Zunahmen von Konflikten" (Risse-Kappen 1997: 7).

nutzt werden (Menkhaus 2003: 1; Schneckener 2003: 11; Spanger 2002: 1; 2003: 1).[4] Zugleich ist in den letzten Jahren eine Ausweitung der Folgeerscheinungen von Staatszerfallsprozessen sowohl auf regionaler als auch auf globaler Ebene zu beobachten. Instabilitäten beschränken sich dabei nicht mehr nur auf die zerfallenen Staaten selber, sondern werden zunehmend auch über deren Grenzen hinaus exportiert (Daun 2003: 3; Mair 2000: 161). Staatliche Zerfallsprozesse stehen dabei in zunehmendem Maße in Verbindung mit dem Auftreten „neuer", substaatlicher Kriege und Bürgerkriege.[5] Aktuelle Konflikte wie in Kolumbien, Liberia, Tadschikistan und vor allem in der Demokratischen Republik Kongo verdeutlichen, dass der Zerfall von Staaten keineswegs als einmaliges, regional begrenztes Ereignis zu verstehen ist, sondern als ein Problem, dessen Folgen auf absehbare Zeit hin eine der zentralen sicherheitspolitischen Herausforderungen für die internationale Staatengemeinschaft darstellen wird (Dorff 2002: 10; Solana 2003: 107ff).[6]

Vor diesem Hintergrund einer sich verstärkenden Problemwahrnehmung hat sich innerhalb der letzten Dekade die Forschung vor allem im englischsprachigen Raum intensiv mit dem Staatszerfallphänomen auseinandergesetzt. Dabei ist festzuhalten, dass sich trotz des vermehrten Interesses bislang weder in der Wahrnehmung noch in der Erklärung des Phänomens verallgemeinerbare Übereinstimmungen finden. Die

---

[4] Die Verbindungen zwischen dem Phänomen zerfallener Staaten und dem 11. September sind allerdings nur indirekter Natur: Die Attentäter waren Mitglieder eines transnationalen Terrornetzwerkes, dessen Operationsbasis in einem zerfallenen Staat – in diesem Fall Afghanistan – angesiedelt ist (vgl. Schneckener 2003: 11). Somit entspringt der transnationale Terrorismus nicht zwangsläufig zerfallenen Staaten, sondern macht sich ihrer lediglich habhaft.

[5] Seit Beginn der 1990er Jahre wurden etwa acht Millionen Menschen Opfer von Kriegen, die im Zusammenhang mit zerfallenen Staaten stehen. Zusätzlich wurden weitere vier Millionen Menschen innerhalb und aus den betroffenen Staaten vertrieben (Rotberg 2002a: 127).

[6] So waren in die 1998 als Bürgerkrieg begonnen Kampfhandlungen in der Demokratischen Republik Kongo zwischenzeitlich sieben Staaten involviert; Der Krieg forderte ca. 2,5 Millionen Opfer und galt lange Zeit als „Afrikas erster Weltkrieg" (Riehl 2003).

bestehenden Defizite in der akademischen Bearbeitung des Phänomens lassen sich vor allem an drei Bereichen festmachen: Erstens der defizitären theoretischen Erarbeitung und der Systematisierung, zweitens dem terminologischen Pluralismus und drittens dem verschärften Blickwinkel auf den afrikanischen Kontinents.

Obwohl mittlerweile einige empirische Einzelfallstudien zu der Thematik des Staatszerfalls erarbeitet wurden, lassen sich aus den Forschungsergebnissen noch keine generalisierbaren Aussagen ableiteten. Dieser Zustand lässt sich dadurch erklären, dass die bisherigen Falluntersuchungen überwiegend nicht-theoretisch angeleitet sind, und nur singuläre Aspekte zerfallener Staaten betrachten. Zudem unterscheiden sie sich in ihrer methodologischen Ausrichtung zum Teil deutlich voneinander und verfügen daher nur über einen geringen Erklärungsanspruch (Bakonyi 2001: 15; Büttner 2004b: 2; Carment 2003: 408). Dabei tritt deutlich das Problem zu Tage, das der gegenwärtige Forschungsstand bislang noch wenig systematisiert und evaluiert worden ist. Darüber hinaus zeigt sich, dass ein Großteil der Studien die Bedeutung des Begriffes „Staat" voraussetzt und auf dessen vorangehende Operationalisierung verzichtet. Angesichts unterschiedlicher struktureller Ausprägungen von Staatlichkeit im internationalen System (vgl. Kapitel 3.3.) besitzen derartige Einzelfallstudien eine nur auf den jeweiligen Staat beschränkte Aussagekraft.

Darüber hinaus finden sich in der Literatur auch nach mehr als einem Jahrzehnt wissenschaftlicher Forschung weiterhin eine Vielzahl unterschiedlicher Typologien, Begriffe und Kategorien die nebeneinander stehen, ohne dass sich bislang eine allgemeingültige Definition von Staatszerfall herausbilden konnte. Diese Begriffspluralität erschwert die Vergleichbarkeit der unterschiedlichen Arbeiten erheblich. Das Defizit wird insbesondere an der begrifflichen Erfassung des Phänomens deutlich, die weiterhin durch eine Vielzahl von Terminologien gekennzeichnet ist (Büttner 2004a: 12f; Spanger 2002: 4).[7] Im deutschsprachigen

---

[7] Vgl. dazu auch Tedd Gurr, Mitglied der State Failure Task Force, der diesen Zustand betont: „In Washington in the early nineties, people were using the failed state as an umbrella concept. Those of us on the State Failure Project had the job of giving it more precise meaning" (Gurr o.J.).

Raum hat sich der Terminus des „Staatszerfalls" weitestgehend etabliert, wenngleich weitere Versuche von tiefer gehenden Kategorisierungen unternommen worden sind, von denen insbesondere die Begriffe der Staatsschwäche und des Staatsversagens Verwendung finden (Maaß 2003; Osterkamp 1995).[8] Vor allem in der dominanten englischsprachigen Literatur lassen sich eine Vielzahl aufgeführter Begriffsbestimmungen finden. Allerdings konnten sich in Abgrenzung von schwachen Staaten (*weak states*) die Termini *failed states* und *state failure* im Hinblick auf die Struktur- bzw. Prozessebene etablieren. Daneben hat William Zartman den Begriff des *collapsed states* als extreme Ausprägung des zerfallenen Staates geprägt (Zartmann 1995).[9] In einem Versuch einer umfangreichen Typologisierung unterscheidet Germain Gros fünf Formen zerfallener Staaten, die nicht grundsätzlich voneinander abgrenzbar sind, sondern in Mischformen auftreten:[10] Er unterscheidet zwischen dem *anarchic state*, der durch das Fehlen einer zentralen Autorität gekennzeichnet ist, dem *phantom state*, in dem eine zentrale Autorität zwar vorhanden ist, diese aber nur auf ein bestimmtes Gebiet begrenzt ist, dem *anaemic state*, dessen Regelungsfähigkeit durch Aufstandsbewegungen und marode Infrastrukturen eingeschränkt ist, dem *captured state*, in dem sich rivalisierende Eliten um die Macht bemühen und die Regierungsübernahme der Förderung der eigenen Elite dient und schließlich dem *aborted state*, der als Staat zwar formal unabhängig ist, jedoch bereits vor seiner Konsolidierung gescheitert ist (Gros 1996: 458ff).[11] Im frankophonen Raum hingegen lässt sich eine weitestgehende Annäherung in der Terminologie konstatieren, da die Staatszerfallsobjekte allgemein hin als *Etats sans gouvernements* bezeich-

---

[8] Der Begriff des Staatsversagens ist in diesem Zusammenhang allerdings abzulehnen, da er bereits durch die ökonomische Theorie besetzt ist.

[9] Im Folgenden werden die englischen Begriffe *failed states* und *collapsed states* als Synonyme für zerfallene Staaten bzw. kollabierte Staaten verwendet. Analog dazu wird unter *state failure* und *state collapse* Staatszerfall und Staatskollaps verstanden.

[10] Vgl. dazu auch Kalevi Holsti, der diesen Typologisierungsansatz übernommen und weiterverfolgt hat (Holsti 1997).

[11] Peter Wallensteen unterscheidet in einem deutlich ausführlicheren Ansatz sogar zehn Typen zerfallener Staaten (Wallensteen 1998).

net werden (Thürer 1999: 276).[12]

Das Phänomen des Staatszerfalls wird in der akademischen Debatte überwiegend als ein Problem der Dritten Welt eingestuft (Schlichte 2000). Der Fokus der wissenschaftlichen Betrachtung richtet sich dabei vornehmlich auf den afrikanischen Kontinent, da die gegenwärtigen Staatszerfallsprozesse mehrheitlich afrikanische Staaten betreffen. Von dieser Entwicklung ist vor allem der Bereich des Subsahararaums betroffen, in dem mehr als ein Dutzend Staaten in ihrer Existenz bedroht sind. Diese Einschätzung ist allerdings unzureichend, wie eine Bestandsaufnahme der aktuellen Staatszerfallsprozesse beweist: Neben dem afrikanischen Kontinent um das Horn von Afrika (Somalia, Äthiopien, Eritrea und der Sudan), Zentralafrika und das Gebiet der großen Seen (Kongo, Ruanda, Uganda, Burundi) sowie Westafrika (Liberia, Sierra Leone), tritt Staatszerfall auch im Kaukasus (Tschetschenien), in Zentralasien (Afghanistan, Tadschikistan), im südasiatischen Raum (Indonesien, Philippinen, Sri Lanka), im Balkanraum (Ex-Jugoslawien, Albanien) sowie in Lateinamerika (Kolumbien, Peru) auf (Chojnacki 2000: 12ff; Rotberg 2002b: 90ff).[13] Das Phänomen des Staatszerfalls ist also nicht nur auf eine Teilregion der Erde beschränkt, sondern tritt verteilt über den gesamten Globus auf.

Trotz dieser deutlichen globalen empirischen Evidenz weist der Großteil der wissenschaftlichen Erforschung von staatlichen Zerfallsprozessen einen eingeschränkten Blickwinkel mit expliziten oder impliziten Bezug auf den afrikanischen Kontinent auf. Dabei wird in vielen Betrachtungen vor allem die Bedeutung kolonialer Einflüsse hervorgehoben (vgl. u.a. Herbst 1996; Lambach 2002; Tetzlaff 2000b; 2002; von

---

[12] Dieser Begriff ist allerdings insofern irreführend, da er das Fehlen einer (Zentral-) Regierung als maßgebliches Charakteristikum des Staatszerfalls impliziert. Diese Sichtweise besitzt jedoch – wie der Verlauf dieser Arbeit zeigen wird – nur eine eingeschränkte Gültigkeit.

[13] Für einen ausführlichen Überblick über die aktuellen weltweiten Staatszerfallsprozesse vgl. Robert Rotberg, (Rotberg 2003). Des weiteren bietet das State Failure Project der Universität Maryland in ihrem State Failure Datensatz die bislang umfangreichste Erfassung aktueller und historischer Zerfallsprozesse (Goldstone et al. 2000).

Trotha 2000). Diese „Afrikanisierung" des Staatszerfalls mündet in Erklärungsansätzen, die nur für den Kontext der spezifischen historischen Entwicklungslinien der afrikanischen Staaten Gültigkeit besitzen. Für die analytische Erfassung des Staatszerfallphänomens muss der Betrachtungswinkel um weitere Teilregionen der Welt erweitert werden, um einen regionalen, afrikanischen Bias in der Untersuchung zu vermeiden.

Vor diesem Hintergrund bleibt zunächst festzuhalten, dass der Begriff des „Staatszerfalls" bislang keinen festgelegten Inhalt, sondern lediglich die offene Umschreibung eines Sachphänomens umfasst (Thürer 1999: 277). Somit lässt sich trotz eines fehlenden definitorischen Begriffinhalts dennoch eine weitestgehende Begriffsetablierung beobachten. Der Terminus des Staatszerfalls ist allerdings ungeeignet für die definitorische Erfassung, da sowohl die unfreiwillige Auflösung staatlicher Strukturen, als auch die freiwillige Übertragung nationalstaatlicher Regulationsmöglichkeiten letztendlich einen Zerfall der bestehenden staatlichen Ordnung beschreiben würde. Daneben bezieht sich der beobachtbare Zerfall von Staaten nur auf deren inneren Strukturen, während sie nach außen weiter intakt bleiben. Der Begriff des Staatszerfalls wird diesem Sachverhalt allerdings nicht gerecht und bleibt angesichts dieser Ungenauigkeiten weiter unpräzise.[14] Neben den Defiziten in Wahrnehmung und Erfassung des Phänomens weist die politische und wissenschaftliche Debatte einen deutlichen „african bias" auf, was sich in einer Beschränkung sowohl in der theoretischen Bearbeitung als auch in den praktischen Reaktionsmöglichkeiten des Problems niederschlägt.

---

[14] In dieser Arbeit soll jedoch nicht der Versuch unternommen werden, Staatszerfall terminologisch eindeutiger zu erfassen. Wie sich gezeigt hat, ist der Diskurs in der Benennung und Implementierung von Phänomen bislang erfolgreicher als eine exakte theoretische Begriffsdeutung, weshalb der Begriff des Staatszerfalls auch in dieser Arbeit Verwendung finden soll.

3. Theoretische Grundlagen: Staat und Souveränität

„To talk about state failure presupposes the existence of a state."

(George Sørensen 2001: 1)

Will man das Phänomen des Staatszerfalls untersuchen, kommt man nicht umhin, zunächst einen Schritt zurück zu machen, um vorab das Objekt des Staates zu definieren. Die Terminologie „Staatszerfall" impliziert durch eine negative Abgrenzung das Vorhandensein einer wie auch immer gearteten genuinen Staatlichkeit (Abrahamsen 2001: 2; Sørensen 2000: 1); Es stellt sich also zuallererst die – durchaus plakative – Frage: „Was zerfällt?" Der überwiegende Teil der bisherigen Studien zur Thematik überspringt diesen Schritt und beginnt ohne ausreichende theoretische Grundlagen die Untersuchung. Angesichts unterschiedlicher Formen von Staatlichkeit im internationalen System können diese Studien nur eingeschränkte, fallspezifische Erklärungen hervorbringen. Bei einer Analyse von Staatszerfallsprozessen bedarf es daher zuerst einer Klärung des zu Grunde liegenden positiven Begriffsinhalts – dem Staat (Carment 2003: 409; CDI 1999). Die Konzeption des Staates ist dabei eng verbunden mit dem Souveränitätsprinzip, das insbesondere in der kodifizierten Form des Westfälischen Friedens eines der zentralen Ordnungselemente des internationalen Systems darstellt.[15] Somit muss auch die Souveränitätsnorm mit in die Untersuchungen des Zerfalls von Staaten einbezogen werden (Sørensen 2000: 1). Darüber hinaus impliziert die Vorraussetzung von Staatlichkeit eine *erfolgreiche* Umsetzung dieses westfälischen Ideals von staatlicher Souveränität und versteht diese als strukturelle globale Realität: „The phrase (state failure) carries embedded within it the conception of a global order that, at any rate ought to be composed of states, and suggests that where this conception is not realised, something has gone wrong" (Clapham 2000: 1).

---

[15] Souveränität wird hier als konstitutive Institution der internationalen Politik verstanden, die auf der einen Seite den Staat als zentralen Akteur der internationalen Politik, und auf der anderen Seite die nach innen gerichtete Legitimität staatlicher Herrschaft konstituiert (Biersteker 2002: 158ff; Thompson 1995: 214ff).

Es ist jedoch zu bezweifeln, dass sich der westfälische Territorialstaat in allen Regionen der Welt etablieren konnte (Debiel 2003: 15; Jackson 1990: 23ff; Menzel 2001: 4). Vielmehr ist anzunehmen, dass das internationale System durch eine Fragmentierung von Staatlichkeit gekennzeichnet ist und moderne Staatlichkeit nach europäischem Vorbild demnach nicht grundsätzlich vorausgesetzt werden kann (Senghaas 2003).

Staat und Souveränität werden in der Disziplin der Internationalen Beziehungen grundsätzlich als die zentralen Konzepte des internationalen Systems angesehen. Der Staat hat als politische Organisationsform alle anderen politischen Einheiten in den Hintergrund gedrängt und stellt gegenwärtig die universale Norm politischer Organisation dar (Buzan 1991: 58; Sørensen 1999b: 172). Bereits aus der Formulierung „international" wird deutlich, dass die Existenz von Staaten definitorisch vorausgesetzt wird: Erst durch das Vorhandensein deutlich voneinander abgegrenzter Einheiten – den Staaten – gewinnt die Unterscheidung zwischen Innen- und Außenbeziehungen ihre maßgebliche Bedeutung für die internationale Politik (Giddens 1987: 170). Somit konstituieren Staaten als maßgebliche Einheiten das internationale System. Das Souveränitätsprinzip wiederum stellt den entscheidenden Faktor zur Unterscheidung des Staates von anderen sozialen Einheiten dar: Zum einen wird der innenpolitische Herrschaftsanspruch der Staaten als territoriale Autorität legitimiert, und zum anderen der territorial basierte völkerrechtliche Anspruch nach außen begründet. Souveränität lässt daher den Staat zur bedeutendsten Form politischer Organisation in der internationalen Politik werden und begründet so dessen zentrale Stellung (Buzan 1991: 66). Folglich sind Staat und Souveränität sich wechselseitig konstituierende Konzepte: Durch die Praxis der gegenseitigen Anerkennung wird Souveränität zum definitorischen Element des Staates. (Biersteker/Weber 1996: 2; Hinsley 1986: 2; Shaw 1997: 146f).[16] Als intersubjektive Norm beinhaltet das Souveränitätskonzept daher auch so-

---

[16] Unter Einbeziehung dieser Überlegungen handelt es sich bei den Phänomenen Staat und Souveränität - bei einem Rückgriff auf konstruktivistische Argumentationsstränge - daher nicht um historisch kontingente Einheiten, sondern vielmehr um soziale Konstrukte (Biersteker/Weber 1996).

wohl konstitutive als auch regulative Elemente: Während die eine Seite die Inhalte des Staatskonzepts definiert, umfasst die andere die Verhaltensregeln zwischen souveränen Staaten.

Eine Erklärung der Verbreitung von Normen und der Differenzen in der inhaltlichen Ausprägung kommt allerdings nicht ohne den Rekurs auf den Begriff der Macht aus. Aus den unterschiedlichen Stabilitäts- und Funktionalitätsgraden von Staaten lassen sich deutliche Implikationen für die Souveränitätsnorm im internationalen System ableiten. Anstelle einer prinzipiellen Gleichberechtigung der modernen Staaten hat sich in der Staatenwelt ein Komplex von Normen, Regeln und Verhaltensweisen herausgebildet, bei dem die de jure Anerkennung der Souveränität anderer Staaten vom faktischen Verhalten der mächtigen gegenüber den schwächeren Staaten unterschieden werden muss (Krasner 1996: 150). Die Reziprozitätsnorm der Staaten verstärkt dabei die Bedeutung des modernen Staates, da diese der Form der dominanten Staaten im internationalen System entspricht: Die von ihnen aufgestellte Norm orientiert sich an der eigenen, modernen Staatlichkeit und reproduziert sich, wenn sie von anderen politischen Einheiten übernommen wird (Finnemore 1996: 184). Dabei zeigt sich, dass vor allem mit dem Ende des Ost-West-Konflikts eine Ausweitung der Konditionen zur Anerkennung von Staaten einhergegangen ist. So werden in zunehmendem Maße Demokratie sowie Menschen- und Minderheitenrechte zur Voraussetzung für die Anerkennung gemacht. Auf diese Weise hat sich zu Beginn des 21. Jahrhunderts die allgemeine Souveränität der Staaten zu einer konditionierten Souveränität verändert (Biersteker 2002: 163).

3.1. Das Konzept des Staates

> „What is the State? This is one of the most simple yet elusive questions that can be asked in politics."

(Andrew Vincent 1987: 1)

Trotz seiner empirischen Allgegenwärtigkeit ist eine genaue definitorische Bestimmung des Staates schwierig. In der akademischen Diskussion herrscht Uneinigkeit über eine allgemein anerkannte Charakterisierung (vgl. u.a. Buzan 1991: 59; Del Rosso 1995: 175; Holsti 1996: 83; Vincent 1987: 1). Dies lässt sich neben den verschiedenen theoretischen und ideologischen Ausrichtungen[17] vor allem auf die unterschiedlichen historischen Entwicklungslinien von Staaten zurückführen, die einerseits durch den kompetitiven und anarchischen Charakter des internationalen Systems beeinflusst werden (Waltz 1979), andererseits jedoch auch auf einer von internen Dynamiken beeinflussten Selbstkonstruktion beruhen (Wendt 1999). Bei der Bildung ihrer politischen und organisatorischen Strukturen greifen Staaten auf spezifische historische Wahrnehmungen und Erfahrungen zurück. Diese charakterisieren den physischen Ausdruck des Staates und spiegeln sich in Regierungsform, Gesetzen und Institutionen wider (Buzan 1991: 69ff). Aus diesem Grund handelt es sich bei dem Staat in seiner heutigen, modernen Ausprägung nicht um ein notwendig existierendes Gebilde, sondern um eine historisch kontingente Form von Herrschaft.[18] Folglich finden sich im internationalen System eine Vielzahl unterschiedlicher politischer Organisationsformen, die in der Kategorie „Staat" subsumiert sind, innerhalb derer sie sich allerdings zum Teil deutlich voneinander unterscheiden (Clapham 2000: 1; Migdal 2001: 15; Waltz 1979: 95ff).

Staatlichkeit soll im weiteren Verlauf mittels unterschiedlicher Perspektiven operationalisiert werden. Von den möglichen Strukturmerkmalen des Staates hat sich diese Arbeit auf eine Auswahl von drei Bereichen beschränkt, denen sowohl allgemein in dem Bereich der Politikwissen-

---

[17] Es existiert eine Vielzahl an Theorien zur Erklärung über die Entstehung und den Wandel des modernen Staats. Dazu zählen unter anderem Evolutionstheorien, Modernisierungstheorien, Machttheorien, institutionelle Theorien sowie politökonomische Theorien. Für einen Überblick über die wichtigsten Vertreter derartiger Theorien vgl. Arthur Benz (Benz 2001: 73).

[18] Der moderne Staat wird üblicherweise als das Resultat eines langwierigen historischen Prozesses angesehen, in dessen Verlauf sich der europäische Territorialstaat gegenüber alternativen politischen Organisationsformen wie Imperien, Stadtstaaten oder Städteverbindungen durchsetzen konnten. Dies lässt sich vor allem darauf zurückführen, dass sie sich bei der Erfüllung ökonomischer, rechtlicher, kultureller und militärischer Anforderungen durch innere Homogenisierung und die Bereitstellung infrastruktureller Grundlagen als überlegen erwiesen (Zürn 1998: 37ff).

schaft als auch speziell in der Disziplin der Internationalen Beziehungen die größte Bedeutung zugesprochen wird. Es wird dabei konkret auf soziologische, funktionalistische und formal-völkerrechtliche Aspekte zurückgegriffen. So ermöglicht die Einbeziehung einer soziologischen Perspektive eine Analyse von staatlicher Herrschaft und ihrer Legitimation. Aus funktionalistischer Sicht können des weiteren Aussagen über die Aufgaben des Staates und seiner Institutionen getroffen werden, wohingegen unter formal-völkerrechtlichen Gesichtspunkten die strukturellen Eigenschaften von Staaten erfasst werden.

3.1.1. Soziologische Aspekte

Aus soziologischer Sicht definiert sich Staatlichkeit aus dem Verhältnis zwischen Staat und Gesellschaft sowie aus den zwischen ihnen bestehenden Interaktionen. Diese Dichotomisierung führt in der Tradition Max Webers zu einer Definition des Staates, welche diesen in politisch-institutioneller Hinsicht als eine spezifische Form der Herrschaft in Gestalt einer Zentralregierung charakterisiert (siehe auch Migdal 1988: 19; Weber 1972: 822). Staatlichkeit synthetisiert sich dabei aus Macht und ihrer Legitimität (Breuer 1998: 18): Der Staat beansprucht in einem festgelegten Territorium ein durch die Beherrschten legitimiertes Gewaltmonopol, dessen Exklusivität ihn von anderen politischen Verbänden abhebt (Vincent 1987: 20).[19] Staatlichkeit beruht folglich auf legitimer Herrschaft,[20] wobei Legitimation in diesem Zusammenhang als die Anerkennung der Rechtmäßigkeit und Autorität des Staates durch die

---

[19] Hierzu die berühmte Definition des Staates nach Max Weber: „Staat ist diejenige menschliche Gemeinschaft, welche innerhalb eines bestimmten Gebietes (...) das Monopol legitimer physischer Gewaltanwendung für sich (...) beansprucht. Er gilt als alleinige Quelle des „Rechts" auf Gewaltsamkeit. (...) Der Staat ist, ebenso wie die ihm geschichtlich vorausgehenden politischen Verbände, ein auf das Mittel der legitimen Gewaltsamkeit gestütztes Herrschaftsverhältnis von Menschen über Menschen. Damit er bestehe, müssen sich also die beherrschten Menschen der beanspruchten Autorität der jeweils herrschenden fügen" (Weber 1972: 822).

[20] Vgl. zur Bedeutung dieser Beziehung auch Trutz von Trotha: „Alle Macht strebt nach Rechtfertigung. Legitimation von Herrschaft ist ein Teil ihrer Bestandsvoraussetzung" (von Trotha 1995: 7).

Bevölkerung zu verstehen ist (Barker 1991: 11). Während Rodney Barker Legitimität von Repressionen trennt, verweist Trutz von Trotha auf unterschiedliche Ausprägungen, die sowohl auf Gewohnheiten, Interessen und Gefühlen als auch auf Gewalt beruhen (Barker 1991: 12; von Trotha 1995: 8ff).[21] Der moderne Staat unterscheidet sich dabei von vorhergegangenen Formen, in dem die rationale Legitimitätsgrundlage nicht mehr auf traditionellen oder charismatischen Grundlagen beruht, sondern auf dem Gehorsam einer sachlichen und unpersönlichen Rechtsordnung, die prinzipiell veränderbar ist (Breuer 1998: 162). Vor diesem Hintergrund lassen sich folglich zwei Arten von Legitimität unterscheiden: Auf der einen Seite kennzeichnet die *vertikale* Legitimität die Zustimmung und Loyalität zum Staat und seinen Institutionen, wohingegen die *horizontale* Legitimität auf der anderen Seite die Bedeutung und Partizipation der Bevölkerung im politischen System widerspiegelt (Holsti 1996: 84ff).

3.1.2. Funktionalistische Aspekte

In funktionalistischer Hinsicht stellt der Staat ein Ordnungsgefüge mit institutionalisierten Strukturen dar, das unter Rückgriff auf bestimmte Mittel und Verfahren für die Verwirklichung allgemeiner Interessen zuständig ist (Benz 2001: 66). Zu den zentralen Funktionen des Staates zählen im Hobbesschem Verständnis der Schutz des Staatsgebietes und des Staatsvolkes gegen Bedrohungen von außen sowie die Friedenssicherung im Inneren.[22] Nach innen garantiert er die Sicherung individueller Bürgerrechte durch die Bereitstellung und Gewährleistung verbindlicher Rechtsnormen. Zu diesem Zweck ist der Staat auf dem Staatsterritorium mit dem Monopol legitimer physischer Gewaltan-

---

[21] In diesem Zusammenhang spricht von Trotha von Basislegitimitäten, die auf der Bewusstseinsebene angesiedelte Rechtfertigungen umfassen, und auf der Anerkennung von im Alltag vorhandenen Evidenzen beruhen (von Trotha 1995: 8).

[22] Aus diesem Aufgabenfeld des Staates lässt sich allerdings auch insofern ein zusätzliches Konfliktpotential ableitet, als dass sich Staaten ihre Daseinsberechtigung beschaffen, indem sie die Bedrohungen verursachen, vor denen sie zu schützen vorgeben (Tilly 1985: 175).

wendung ausgestattet. Für den Staat leitet sich aus diesen Annahmen ein janusköpfiges Bild ab, indem er sowohl an das Recht gebunden ist, als auch gleichzeitig die Voraussetzung des Rechts darstellt (Spanger 2002: 15). Neben diesen Aufgaben ist der Staat gleichfalls für die Bereitstellung unterschiedlicher Gemeinschaftsgüter verantwortlich. Diese umfassen neben der Kernaufgabe der Gewährleistung von Sicherheit vor allem die Wohlfahrtssicherung sowie die Bereitstellung eines Gesundheits- und Bildungssystems, wobei vor allem das Letztere ein symbolisches Bezugssystem zur Schaffung einer zivilen kollektiven Identität darstellt (Zürn 1998: 41). Des weiteren besitzt er die Aufgabe, öffentliche ökonomische Strukturen und einen infrastrukturellen Rahmen zu organisieren, um auf diese Weise einen breiten materiellen Wohlstand zu ermöglichen. Dabei zeigt sich eine enge Verbindung zwischen einer kapitalistischen Wirtschaftsordnung[23] und dem modernen Territorialstaat (Sørensen 2001: 80). Zur effektiven Umsetzung seiner Aufgaben verfügt der Staat über administrative, polizeiliche und militärische Institutionen sowie über die fiskalische und monetäre Hoheit (Benz 2001: 98ff; Gros 1996: 456).

3.1.3. Formal-völkerrechtliche Aspekte

Der moderne Staat ist aus formal-völkerrechtlicher Sicht durch die Trias Territorium, Bevölkerung und Staatsgewalt gekennzeichnet (Ipsen 1998: 4; Jellinek 1929: 394). Er stellt demnach ein genau definiertes Territoriums dar, das von festgelegten Grenzen umgeben ist, innerhalb derer eine Bevölkerung und eine rechtliche verfasste Herrschaftsordnung existieren (Jessop 2003: 30f; Vincent 1987: 19). Diese Faktoren weisen einen absoluten Charakter auf, da sie für das Erreichen des Staatsstatus unabdingbare Voraussetzung sind. Als Völkerrechtsnorm findet sich die Trias in kodifizierter Form erstmals in der „Montevideo Convention on Rights and Duties of States" aus dem Jahre 1933 wieder (Biersteker

---

[23] Moderne Staaten verfügen dabei über eine selbstständige Wirtschaft, deren Hauptaktivitäten überwiegend im Inland angesiedelt sind (Sørensen 2001: 81f).

2002: 162).[24] Analog zu dieser Betrachtungsweise versteht auch die Disziplin der Internationalen Beziehungen Staaten als territorial definierte, sozio-politische Einheiten (Buzan 1991: 60). Je nach theoretischem Blickwinkel werden Staaten entweder im „top-down" Ansatz als einheitliche, strategisch handelnde Akteure mit systemisch abgeleiteten Interessen (neorealistische Perspektive) oder aus einer „bottom-up" Perspektive als individuell geprägte gesellschaftliche Akteure mit endogen, subsystemischen Interessen (liberalistische Perspektive) verstanden.[25]

Unter formalen, normativen Aspekten basiert das Völkerrecht auf dem Ideal des westfälischen Territorialstaates. Allerdings lassen sich unterschiedliche Normenideen unterscheiden, wobei vor allem der Nationalstaat als weiterführende, spezifische Form des europäischen Territorialstaates die gegenwärtig dominante Norm moderner Staatlichkeit darstellt.[26] Dieser Norm kommt insoweit Bedeutung zu, als dass nur völ-

---

[24] In der Konvention war zusätzlich ein viertes Kriterium der Staatlichkeit vorhanden, das sich auf die Fähigkeit bezog, Beziehungen zu anderen Staaten aufzunehmen (Shaw 1997: 140).

[25] Eine kurze Einführung über die unterschiedlichen Erklärungsansätze von Staatlichkeit in den Theorien der Internationalen Beziehungen bietet Sørensen (Sørensen 2001: Kapitel 11). Für einen ausführlicheren Überblick siehe Hobson (Hobson 2000).

[26] Der Terminus „Territorialstaat" bezeichnet im Allgemeinen einen Staat, der durch sein Staatsgebiet und die darüber ausgeübte Gebietshoheit gekennzeichnet ist. Der Begriff der „Nation" bezeichnet eine Gemeinschaft von Menschen, die sich aus ethnischen, sprachlichen kulturellen und/oder politischen Gründen zusammengehörig und von anderen unterschieden fühlen (vgl. Anderson 1998; Hobsbawm 1992). Bei Nationalstaaten handelt es sich folglich um eine auf gemeinsamer Identität basierende, homogene Gemeinschaft von Menschen in einem politischen System mit territorialem Bezug (Estel 1997: 73ff). Es zeigt sich allerdings, dass die gemeinschaftlichen Grundlagen einer Nation nicht grundsätzlich existent sein müssen, sondern in vielen Fällen konstruiert worden sind. Sie können dabei bewusst konstruiert und formal institutionalisiert sein, oder aber in einem nicht nachvollziehbaren Moment entstanden sein (Hobsbawm 1983: 1). Nationen werden deshalb auch als „vorgestellte Gemeinschaften" bezeichnet (Anderson 1998). Sie verfügen über eine hohe gesellschaftliche Homogenität und stellen – trotz des Status als internationale Norm – in ihrer Anzahl im internationalen System insofern eine Ausnahme dar, als dass nur wenige Territorialstaaten eine derart hohe innere Kohäsion aufweisen (Jessop 2003: 31).

kerrechtlich anerkannte Staaten internationale Abkommen abschließen und einen Sitz in internationalen Organisationen beziehen können (Krasner 2001: 9). Dieser Aspekt von Staatlichkeit ist eng verbunden mit der Souveränitätsnorm, die im folgenden Abschnitt skizziert werden soll.

3.2. Das Konzept der Souveränität

Das Souveränitätskonzept stellt im internationalen System eines der zentralen normativen Ordnungselemente dar. So setzt Souveränität, verstanden als konstitutive Institution der internationalen Politik (Sørensen 1999b: 169; Thompson 1995: 214ff), die Staatlichkeitsnorm mit den Merkmalen Territorium, Bevölkerung und Staatsgewalt grundsätzlich voraus (Jackson 1990: 53; James 1999: 458). Auf diese Weise wird Souveränität zu einem absoluten Faktum: Entweder man ist souverän, oder man ist es nicht. Die Bedeutung von Souveränität für die Prozesse und Strukturen auf nationaler und internationaler Ebene teilt sich in zwei unterschiedliche Dimensionen, die sich in endogene und exogene Aspekte differenzieren lassen. Wenngleich sie empirisch miteinander verbunden sind, impliziert die Abwesenheit einzelner Teilaspekte nicht die Erosion der verbleibenden Bereiche (Krasner 2001: 12).

Die innere Dimension von Souveränität umfasst die Struktur und Effektivität staatlicher Autorität innerhalb des Staatsterritoriums. Dem Staat kommt dabei die letzte Entscheidungs- und höchste Durchsetzungsgewalt zu (Benz 2001: 104). Innere Souveränität legitimiert daher im Sinne von Hobbes' Leviathan den exklusiven Anspruch des Staates auf die höchste Autorität im Inneren (Hinsley 1986: 25). Des weiteren umfasst die innere Souveränität die Fähigkeiten von Staaten, innerhalb ihres Territoriums den Ressourcenfluss (Güter, Personen, Umweltverschmutzung, Krankheiten) von innen und außen zu regulieren (Krasner 1999: 12; 2001: 8). Der Verlust von Regulationsfähigkeiten ist dabei gleichzusetzen mit einem Souveränitätsverlust des Staates (Mathews 1997).

Die äußere Dimension von Souveränität lässt sich in zwei Bereiche unterteilen. Erstens ist in ihr der Aspekt einer de jure Unabhängigkeit enthalten, da durch die reziproke Anerkennung des Status als souveräner Staat gleichzeitig die juristische Gleichheit mit allen anderen Staaten zum Ausdruck kommt (James 1999: 281; Thürer 1999). Durch diese Anerkennung wird der souveräne Staat rechtsfähig und erhält Zugang zu internationalen materiellen und normativen Ressourcen (z.B. Militärallianzen, Handelsorganisationen, etc.) (Krasner 2001: 9).[27] Zweitens bildet die äußere Souveränität eine de facto Unabhängigkeit aus, da der Staat international als souverän anerkannt und dadurch eine Intervention externer Akteure in das Staatsterritorium ausgeschlossen wird (Krasner 1999: 22f; 2001: 20). Wenngleich Einmischung inkonsistent mit dem Prinzip der äußeren Souveränität ist, besteht die Möglichkeit eines freiwilligen partiellen Souveränitätsverzichts. Derartige Tendenzen lassen sich gegenwärtig vor allem in den Transformationsprozessen innerhalb der OECD-Welt beobachten.[28]

Während sich die innere Souveränität auf den Bereich der Staatsgewalt bezieht und daher empirischen Charakter besitzt, leitet sich die äußere Souveränität aus dem Territorialprinzip ab und weist aufgrund der Praxis internationaler Anerkennung eine juristische Dimension auf (Jackson/Rosberg 1985: 49f). Fügt man die innere und die äußere Dimensionen zusammen, so ergibt sich ein ambivalenter Charakter des Souveränitätskonzeptes. Es stellt sowohl eine legale, eine absolute als auch eine einheitliche Bedingung dar (James 1986: 25f). Es ist erstens legal im Sinne eines juristischen Arrangements im Völkerrecht, das alle

---

[27] Aus der Norm der wechselseitigen Anerkennung resultiert allerdings auch das Phänomen, dass ein souveräner Staat nicht souverän ohne andere souveräne Staaten sein kann. Dabei ergibt sich das Paradoxon, dass souveräne Staaten Souveränität abgeben – indem sie internationale Normen als Einschränkungen akzeptieren – um Souveränität zu erhalten (Holm 1998: 3). Höffe spricht in diesem Zusammenhang von einer „unbeabsichtigten Selbstentmachtung" (Höffe 1999: 168). Mitglieder in der Gemeinschaft souveräner Staaten haben die mit Souveränität verbundenen Normen zu befolgen, die vor allem das Prinzip der Nichteinmischung, Verhaltensformen hinsichtlich diplomatischer Mechanismen, die Einhaltung internationaler Abkommen sowie die Anerkennung des internationalen Rechts umfassen (Jackson 1990: 34; Sørensen 1999: 174).

[28] Dies geschieht vor allem durch die Souveränitätsabgabe an internationale oder supranationale Organisationen.

souveränen Staaten gleichstellt. Es besitzt zweitens einen absoluten
Charakter, da Souveränität entweder vorhanden oder abwesend, und
das Erreichen einer Mittelposition nicht möglich ist. Drittens ist es ein-
heitlich, da nach westfälischem Ideal sowohl intern als auch extern keine übergeordnete Autorität über den souveränen Staaten existiert
(Hinsley 1986: 26).

3.3. Formen von Staatlichkeit und Souveränität im internationalen System

Der souveräne Staat wird in den Internationalen Beziehungen üblicherweise als ein einheitliches und unveränderliches institutionelles
Phänomen angesehen. Der theoretische Bezugsrahmen, Staaten als
gleichartige Einheiten zu verstehen, ist dabei nicht nur auf die
positivistische Sichtweise des Neorealismus beschränkt, sondern ist
gleichfalls innerhalb anderer Theorieschulen wie dem Neoliberalismus
oder dem Konstruktivismus verbreitet (Biersteker 2002: 158). Diese
Annahmen basieren auf der Grundlage einer gleichmäßigen und
exklusiven Verteilung von Souveränität unter den unterschiedlichen
Einheiten (Lindberg 2001: 176). In empirischer Hinsicht zeigt sich
jedoch, dass Souveränität als konventionelles Schlüsselcharakteristikum
von Staatlichkeit – das in allen Staaten identisch sein müsste – in der
Realität nicht gleich verteilt ist (Buzan 1991: 68). Insbesondere lässt sich
eine Varianz in den Ausprägungen von innerer und äußerer
Souveränität beobachten (Clapham 1998: 144). Dies lässt sich auf
unterschiedliche Formen von Staatlichkeit im internationalen System
zurückführen, die sich vor allem hinsichtlich ihrer Stabilität und
Funktionalität unterscheiden (Nicholson 1998: 1). Staatlichkeit kann im
internationalen System folglich nicht als eine homogene Entität
angesehen werden, sondern ist vielmehr in unterschiedlichen
Ausprägungen und Facetten anzutreffen. Vor dem Hintergrund der
Untersuchung von Staatszerfallsprozessen impliziert diese Feststellung,
dass moderne Staatlichkeit nicht per se vorausgesetzt werden kann. Es
bedarf vielmehr der Anerkennung und Berücksichtigung unterschiedlicher Formen souveräner Staaten. Es lassen sich grundsätzlich
drei Typen von Staaten im internationalen System unterscheiden (vgl.

dazu Sørensen 2001; siehe Abbildung 1):[29]

Der *moderne* Staat stellt gegenwärtig die internationale Norm politischer Organisation dar und ist die am weitesten verbreitete Form von Staatlichkeit im internationalen System. Er ist durch ein zentralistisches Herrschaftssystem gekennzeichnet, greift für die Erfüllung seiner Aufgaben auf administrative, polizeiliche und militärische Institutionen zurück, und verfügt innerhalb seines Territoriums über das Monopol legitimer Gewaltanwendung. Innerhalb seines Territoriums zeichnet sich die Bevölkerung durch eine starke Kohäsion aus. Die Wirtschaftsordnung ist durch einen hohen Grad an Autarkie und eine deutliche Fokussierung auf innerstaatliche Produktionsprozesse gekennzeichnet.

Neben den modernen Staat tritt in Teilen der OECD-Welt in zunehmendem Maße der Typus des *postmodernen* Staates. Dieser ist vor allem durch weitreichende Transformationsprozesse charakterisiert, in dessen Verlauf sich neue Formen internationaler und nicht-hierarchischer Steuerung herausbilden. Dabei lassen sich Entgrenzungsprozesse beobachten, die in mehreren Dimensionen komplexe Interdependenzen entstehen lassen (Senghaas 2003: 118). Postmoderne Staaten zeichnen sich durch einen hohen Grad an institutioneller Kooperation aus, in deren Folge verstärkt staatliche Regulationsmöglichkeiten an supranationale und subnationale Einrichtungen übertragen werden (Zürn 1998). Auf diese Weise bildet sich ein „multilevel polity" heraus, die – charakterisiert als „Plurilateralismus" (Cerny 1993) – durch die Diffusion und Dezentralisierung von Macht gekennzeichnet ist, und durch welche die Staaten gleichsam gestärkt und geschwächt werden (Sørensen 2001: 88). Neben der Kombination von nationalen, supra-, inter- und subnationalen Institutionen sind postmoderne Staaten durch grenzüberschreitende, netzwerkartige Ökonomien gekennzeichnet, die einen zunehmenden Eigenständigkeitsverlust der nationalen Märkte mit sich führen. Die kollektiven Identitäten postmoderner Staaten sind mit supra- und

---

[29] Bei diesen Formen handelt es sich um Idealtypen im Weberschen Verständnis. Sie entsprechen rationalen Konstruktionen, die empirisch in der Realität nicht aufzufinden sind. Sie sind als begriffliche und analytische Abstraktionen von Merkmalen zu verstehen, mit denen tatsächlich existierende Einheiten konfrontiert und mittels ihrer Abweichungen identifiziert werden (Weber 1956: 186ff).

substaatlichen Einflüssen verbunden und durch inter- und supranationale Institutionen verrechtlicht (Sørensen 2001: 89). Das gegenwärtig anschaulichste Beispiel für postmoderne Staaten stellen die einzelnen Mitgliedstaaten der Europäischen Union dar.

Als dritter Typus lässt sich der *semimoderne* Staat[30] identifizieren, der in vielen Aspekten durch unterschiedliche Ausprägungen schwacher Staatlichkeit gekennzeichnet ist. Semimoderne Staaten weisen schwache administrative und institutionelle Strukturen auf, was sich vor allem auf ein auf Zwängen anstatt auf Gesetzen basierenden politischen System zurückführen lässt. Die gesellschaftliche Kohäsion weist im Inneren durch die Vorherrschaft lokaler und ethnischer Gemeinschaften eine äußerst geringe Ausprägung auf. Daraus abgeleitet verfügt der semimoderne Staat nur über einen geringen Grad an vertikaler Legitimität und über ein eingeschränktes Gewaltmonopol. Das Wirtschaftssystem steht in hoher Abhängigkeit zum Weltmarkt, was durch den Export von Basisprodukten und den Import technologischer Endprodukte charakterisiert ist (Sørensen 2001: 83f).

---

[30] In der Literatur wird dieser Idealtypus häufig auch als „postkolonialer Staat" bezeichnet, was terminologisch allerdings insofern ungenau ist, als dass ein ausschließlicher Bezug auf ehemalige Kolonialstaaten impliziert wird. Im internationalen System ist dieser Typus jedoch nicht grundsätzlich auf Postkolonien begrenzt. Des weiteren findet auch der Begriff des „prämodernen Staates" in diesem Zusammenhang Verwendung. Dieser ist allerdings auch abzulehnen, da er einen strukturellen Entwicklungsstand impliziert, der dem des modernen Staates aus entwicklungsperspektivischer Sicht vorgelagert ist. Dies ist jedoch nicht zutreffend, da es sich um eine Staatsform handelt, die zeitgleich mit moderner Staatlichkeit auftritt. An dieser Stelle wird hier der Begriff des semimodernern Staates bevorzugt, da er eine eingeschränkte Ausprägung des modernen Staates darstellt, der sich durch bestehende Defizite relativ deutlich von diesem abgrenzt.

Staatstypus / Analyseeinheit	Moderne Staaten	Postmoderne Staaten	Semimoderne Staaten
Soziologische Aspekte	- Hohe gesellschaftliche Kohäsion - Hohe vertikale und horizontale Legitimität - Monopol legitimer Gewalt anwendung	- Diffusion und Dezentralisierung staatlicher Macht / des staatlichen Gewaltmonopols - Diffusion von vertikaler und horizontaler Legitimität	- Geringe gesellschaftliche Kohäsion - Eingeschränkte vertikale und horizontale Legitimität - Eingeschränktes staatliches Gewaltmonopol
Funktionalistische Aspekte	- Effektive administrative und institutionelle Strukturen zur Gewährleistung von Wohlfahrt, Sicherheit und Rechtstaatlichkeit - Hoher Grad an wirtschaftlicher Autarkie	- hoher Grad an institutioneller Kooperation auf inter- und supranationaler Ebene - Übertragung staatlicher Regulationsmöglichkeiten an supranationale und subnationale Einrichtungen - Eigenständigkeitsverlust der nationalen Märkte	- Ineffektive administrative und institutionelle Strukturen - Hohe ökonomische Abhängigkeit vom Weltmarkt
Formal-völkerrechtliche Aspekte	- Vorhandensein von juristischer und empirischer Staatlichkeit	- Diffusion von juristischer und empirischer Staatlichkeit	- Vorhandensein von juristischer Staatlichkeit - Eingeschränkte empirische Staatlichkeit

Abbildung 1: Idealtypen von Staatlichkeit im internationalen System

Im Hinblick auf die Untersuchung des Staatszerfallphänomens und unter Einbeziehung der bisherigen Überlegungen muss Staatlichkeit als relatives und nicht als absolutes Konzept verstanden werden. Bei der

Betrachtung von Staaten sollte vor diesem Hintergrund daher nicht dichotom zwischen politischen Einheiten unterschieden werden, welche die Anforderungen an Staatlichkeit entweder erfüllen oder nicht, sondern das Vorhandensein unterschiedlicher Einheiten mit verschiedenen Graden von Staatlichkeit akzeptiert werden (Clapham 1998: 143).[31] In dem Kontext dieser Arbeit richtet sich der Blickwinkel vor allem auf die Typen der modernen und der semimodernen Staaten: Der Typus des modernen Staates entspricht immer noch der dominanten Norm von Staatlichkeit und ist somit konstituierend für die (noch) existierende Staatenwelt. Wenngleich Staatszerfallsprozesse auch in modernen Staaten auftreten können, existiert doch ein deutlicherer Bezug zum semimodernen Typus, da hier Staatszerfallsprozesse im überwiegenden Umfang auftreten (vgl. Esty et al. 1998; Goldstone et al. 2000). Innerhalb semimoderner Staaten ist die Möglichkeit des Staatszerfalls – gewissermaßen – bereits latent vorhanden, wobei spezifische lokale, regionale und/oder internationale Faktoren den Prozess des Zerfalls bedingen und den Zerfall im Inneren sowie den Export von Unsicherheit nach außen dann erst für die internationale Umwelt problematisch und somit virulent werden lassen. Aus diesem Grund werden im folgenden Abschnitt spezifische Merkmale semimoderner Staaten hervorgehoben; Dabei soll verdeutlicht werden, dass Faktoren moderner Staatlichkeit bei der Untersuchung von Zerfallsprozessen nicht vorausgesetzt werden können. Man muss vielmehr davon ausgehen, dass das Auftreten von Staatszerfallsprozessen in gewissem Umfang aus den Besonderheiten semimoderner Staatlichkeit resultiert.

3.3.1. Merkmale semimoderner Staaten

Der Staatenbildungsprozess in Europa ist aus historisch-analytischer Perspektive durch eine über mehrere Jahrhunderte vollzogene Entwicklung gekennzeichnet. Viele semimoderne Staaten sind hingegen mit der Aufgabe konfrontiert, von einem weit geringeren Niveau endogener

---

[31] Die hier aufgeführten Idealtypen der gegenwärtig existierenden Formen des Staates im internationalen System dienen als analytisches Hilfsmittel, um die unterschiedlichen Einheiten zu einem gewissen Grad differenzieren zu können.

Kohäsion in kürzester Zeit einen konsolidierten Staat hervorzubringen (Ayoob 1995: 32f; Reinhard 2000: 504f). Aus diesem Zeitdruck resultiert eine Überlastung der politischen, administrativen und auch militärischen Kapazitäten, die sich in Legitimationsdefiziten und Krisenkumulationen niederschlägt (Debiel 2003: 16). Semimoderne Staaten sind vor diesem Hintergrund gleichzeitig stark als auch schwach: Einerseits sind sie durchaus in der Lage, ihre Bevölkerung durch Repressionen zu kontrollieren, während sie andererseits durch ineffektive Strukturen ihre vornehmlichen Funktionen nicht erfüllen können und daher zugespitzt als *lame Leviathan* bezeichnet werden (Khadiagala 1995: 35; Migdal 1988: 8). Diese Kennzeichen gelten vor allem für die Staaten der so genannten Dritten Welt, die sich im Zuge der Dekolonialisation gebildet haben (Holsti 1996: 99). Viele der ehemaligen Kolonialstaaten verdanken ihren Status als souveräne Staaten vornehmlich der internationalen Anerkennung als Völkerrechtssubjekte und nicht einer vorhandenen inneren Kohäsion. Jackson bezeichnet diese Staaten als „Quasistaaten" (Jackson 1990).[32] Sie haben ihre Souveränität somit nicht intern herausgebildet, sondern ihren Staatsstatus extern gewährt und garantiert bekommen.[33] Eine derartige Form von Souveränität, die nur auf externer Anerkennung beruht, wird gewöhnlich als *negativ* bezeichnet, im Gegensatz zur *positiven* Souveränität, die auf der internationalen Anerkennung der erfolgreichen Umsetzung des internen Gewaltmonopols im Rahmen des Staatenbildungsprozesses basiert. Es muss bezweifelt werden, ob in den Fällen negativer Souveränität Staatlichkeit überhaupt gegeben ist: „To be a sovereign state today one needs only to have been a formal colony yesterday. All other considerations are irrelevant" (Jackson 1990: 17). Vor diesem Hintergrund kann zwischen einer juristischen und einer

---

[32] Der Terminus „quasi-state" geht jedoch nicht auf Jackson zurück, sondern stammt von Hedley Bull und Adam Watson (Bull/Watson 1984: 430). Quasistaaten besitzen demnach eine gleichwertige internationale Souveränität, verfügen jedoch nicht über etablierte und funktionierende Institutionen.

[33] Jackson führt die Souveränität von Quasistaaten auf Veränderungen des internationalen Souveränitätsregimes zurück. Vor allem durch die Institutionalisierung des Selbstbestimmungsrechts sind die Ansprüche an politische Einheiten, die für die Anerkennung als Staaten erforderlich sind, im Vergleich zu modernen europäischen Staaten herabgesenkt worden (Jackson 1990; vgl. auch Lambach 2002).

empirischen Staatlichkeit differenziert werden, wobei erstere im Falle negativer und letztere für positive Souveränität zutrifft: „(Quasi states) are primarily juridical. They are still far from complete, so to speak, and empirical statehood in large measure still remains to be built" (Jackson 1990: 21). Für die Struktur internationaler Ordnung impliziert diese Annahme, dass Souveränität im gegenwärtigen internationalen System dichotomisiert ist. Auf der einen Seite findet sich die weit verbreitete positive Ausprägung, auf der anderen Seite eine negative Dimension, die vor allem auf den afrikanischen Kontinent fokussiert ist (Jackson 1993: 140; Spanger 2002: 12f).[34]

---

[34] Als Gegenstück zu juristischen Staaten mit negativer Souveränität finden sich im internationalen System politische Einheiten, die zwar die empirischen Bedingungen von Staatlichkeit erfüllen, jedoch keine juristische Souveränität besitzen. Derartige Objekte, zu denen Taiwan und Somaliland zählen, werden auch als „de facto states" bezeichnet (Pegg 1998).

4. Theorie des Staatszerfalls

> *„(State Failure) is one of those umbrella terms, that*
> *sometimes means whatever people want it to mean."*

> (Ted Gurr o.J.: 1)

Die Auflösung des Staates in der Moderne stellt aus historischer Perspektive keine Besonderheit dar. Es handelt sich vielmehr um einen historischen Normalfall, da ein Großteil der europäischen Staaten im Verlauf der letzten Jahrhunderte verschwand (Holm 2000: 1f; Tilly 1975).[35]
Die Gründe für das Verschwinden lassen sich überwiegend auf externe
Einflüsse zurückführen, wobei vor allem militärische Eroberungen im
Zusammenhang mit zwischenstaatlichen Kriegen zur Auflösung – und
auch Bildung   von Staaten beitrugen (Holm 1999: 3; Spanger 2002: 4;
Tilly 1985).[36] Im Gegensatz dazu lässt sich für die gegenwärtig auftre-
tenden Staatszerfallsprozesse ein qualitativer Wandel feststellen: Der
Zerfall staatlicher Strukturen zieht nicht mehr zwangsläufig eine Auflö-
sung des Staates nach sich. Wenngleich zerfallene Staaten im Inneren

---

[35] Hierbei sei insbesondere auf Charles Tilly hingewiesen, der das Verschwinden
von Staaten als integralen Bestandteil der Geschichte der Staatsbildung betont:
„Most of the European efforts to built states failed. The enormous majority of the
political units which were around to bid for autonomy and strength in 1500 disappeared in the next few centuries, smashed or absorbed by other states-in-the-
making. The substanial majority of the units which got so far as to aquire a recong-
nizable existence as states during those centuries still disappeared. And of the
handful which survived or emerged into the nineteenth century as autonomous
states, only a few operated effectly – regardless of what criterion of effectiveness we
employ. The disproportionate distribution of success and failure puts us in the un-
pleasant situation of dealing with an experience in which most of the cases are
negative, while only the positive cases are well-documented" (Tilly 1975: 38f).

[36] Insbesondere Tilly verdeutlicht die Wechselwirkungen von Staatenbildung und
Kriegen im internationalen System aus historischer Perspektive (Tilly 1985); Seine
Überlegungen werden häufig plakativ mit dem Satz „war made states, and states
made war" zusammengefasst (vgl. Herbst 1990: 117). Tilly hebt zudem die Prozess-
haftigkeit der Staatenbildung hervor und sieht ein wichtiges Element in
„(e)liminating or neutralization (a state's) rival within (its) territory" (Tilly 1985:
181).

strukturell faktisch nicht mehr vorhanden sind, bleibt ihre Existenz nach außen weiterhin bestehen (Reno 2003). Dabei werden weder der Anspruch der Staaten auf Souveränität noch die räumlichen Grenzen der Staatenordnung in Frage gestellt (Schlichte 2000: 278).[37] Auf diese Weise entstehen auf dem Territorium zerfallener Staaten neue weiße Flecken auf der politischen Landkarte.[38]

Als weiterer Unterschied zum historischen Kontext lassen sich die Ursachen für die gegenwärtigen Staatszerfallsprozesse nicht mehr überwiegend auf exogene, sondern vor allem auf endogene Einflussfaktoren zurückführen (Spanger 2003: 6). Dies ist zum Großteil auf den Wandel der internationalen Politik seit dem Ende des Zweiten Weltkriegs zurückzuführen, der einen Rückgang zwischenstaatlicher Kriege und externer staatlicher Gewalt verzeichnet (Marshall/Gurr 2003: 13; Zangl/Zürn 2003: 177ff), die im historischen Kontext die bedeutsamsten Einflussgrößen für das Verschwinden von Staaten dargestellt haben. Zugleich haben andere externe Einflussfaktoren wie beispielsweise die gewandelten internationalen Rahmenbedingungen nach dem Ende der Ost-West-Konfrontation oder aber Globalisierungsfolgen an Bedeutung für die Bildung fragiler Staaten verloren. Ihre Einflussnahme kann jedoch nicht grundsätzlich ausgeblendet werden; Sie sind allerdings vielmehr als strukturelle Einflussvariablen zu verstehen, die in den Staatszerfallsprozessen als Verstärker oder Beschleuniger fungieren (Chojnacki 2000: 2).[39] Vor dem Hintergrund dieser Überlegungen lässt

---

[37] So besitzt Somalia seit 1991 keine Zentralregierung mehr, ist aber weiterhin als Mitglied der Vereinten Nationen oder der Weltbank international als Staat anerkannt, und lässt auf internationaler Ebene von Diplomaten seine Interessen vertreten.

[38] Außenminister Joschka Fischer umschrieb diese Erscheinungen auch als „schwarze Löcher der Ordnungslosigkeit, der Unterentwicklung und der Verzweiflung" (zitiert nach Frankenberger 2001: 16).

[39] Für die analytische Trennung von Einflussfaktoren in Auslöser (Triggers) und Beschleuniger (Accelerators) vgl. Barbara Harff. Während Auslöser die maßgeblichen Gründe für das Auftreten eines bestimmten Phänomens darstellen, handelt es sich bei Beschleunigern um „... special events outside the system parameters (...). Accelerating events resemble the last stage of crisis before open conflict" (Harff 1996: 71). „(Accelerators) are the immediate events that lead to escalation (...) feed-

sich das auf exogene Faktoren zurückzuführende *Verschwinden* von Staaten systematisch von dem durch innere Einflussfaktoren ausgelösten *Zerfall* von Staaten unterscheiden.

4.1. Prozessdynamik des Staatszerfalls

Im Gegensatz zu den bestehenden Differenzen in der Bestimmung der theoretisch-konzeptionellen Erfassung besteht in der wissenschaftlichen Debatte ein breiter Konsens über die Betonung des Prozesscharakters des Staatszerfallphänomens. Zur Veranschaulichung des staatlichen Zerfallsprozesses wird in der Literatur vielfach das Bild eines Spektrums bzw. Kontinuums verwendet, dessen Extreme der starke Staat auf der einen und der kollabierte Staat auf der anderen Seite bilden (Nicholson 1998: 8; Rotberg 2003). Zwischen diesen Polen lassen sich unterschiedliche Stabilitätsgrade feststellen, die zur Kategorisierung des jeweiligen Staates herangezogen werden. So unterscheidet beispielsweise Rainer Tetzlaff in einem Zweistufenmodell zwischen Staatszerfall und Staatskollaps (Tetzlaff 1999; 2000), während Sven Chojnacki eine Differenzierung von schwachen und zerfallenen Staaten vorschlägt (Chojnacki 2000: 8). Gero Erdmann wiederum differenziert zwischen Staatsversagen, Staatsverfall und Staatszerfall, wobei letzterer in die beiden Teilbereiche partieller und völliger Staatszerfall unterteilt wird (Erdmann 2003). [40] In der Literatur wird Staatszerfall als ein sich stufenweise entwickelnder Prozess verstanden, in dem der Staat durch abnehmende Stabilitätsgrade schließlich zerfällt.[41] Diese Modelle sind jedoch mit den grundsätzlichen Schwächen der Messbarkeit der unter-

---

back events that rapidly increase the level of significance of the most volatile of the general conditions" (Harff 1994: 28).

[40] In einer aktuellen Bestandsaufnahme der gegenwärtigen Staatszerfallsprozesse bezeichnet Robert Rotberg im Rahmen dieser Klassifizierungen den Sudan als *„successfully weak state"*, subsummiert Kolumbien, Indonesien, Sri Lanka und Tadschikistan als *„dangerously weak"* und charakterisiert die Fidschi-Inseln, Haiti und den Libanon als *„safely weak"* (Rotberg 2003: vf.).

[41] Dazu Georg Sørensen: „(State) Failure is when fragility intensifies" (Sørensen 1999a: 5).

schiedlichen Stabilitätsgraden sowie fehlender Messkriterien und einheitlicher Definitionen behaftet. Es besteht somit innerhalb der Prozessdimension das grundlegende Problem der systematischen Bestimmung klarer Trennlinien zwischen den einzelnen Typologien: „It (...) becomes difficult to establish an absolute threshold of collapse" (Zartman 1995a: 5). Es bleibt daher unklar, wodurch starke, schwache, zerfallene und kollabierte Staaten qualitativ oder quantitativ voneinander abzugrenzen sind.

Der Staatszerfallsprozess kann angesichts dieser Problematiken nicht als ein linearer Prozess verstanden werden, der sich unabwendbar wie ein Dominoeffekt in Richtung des Zerfalls staatlicher Ordnung bewegt (Widner 1995: 147). Er ist vielmehr als der Übergang von einem Aggregatzustand in einen anderen zu verstehen, der durch Varianzen in der Prozessdynamik und den Einflussvariablen wieder zum ursprünglichen Zustand zurückgeführt werden kann. Daher stellt der Zerfall eines Staates auch nicht prinzipiell das Ende eines Staates dar. Bei dem Zerfallsprozess handelt es sich vielmehr um eine Momentaufnahme des staatlichen Entwicklungsprozesses, der Möglichkeiten der Wiederherstellung von Stabilitäten mit einschließt (Zartman 1995: 6; Lambach 2002: 60). Für einen bestimmten Zeitpunkt ist der Staat selbst als das legitime und funktionierende Ordnungssystem verschwunden (Zartman 1995: 1). Für diese Überlegung spricht unter anderem das Beispiel des Libanon, der nach seinem nahezu kompletten Zerfall Mitte der 1980er Jahre wieder in stabile Strukturen zurückgeführt werden konnte (vgl. Barak 2003).

Vor dem Hintergrund der genannten Problematiken in den Bereichen der Typologisierung und der Prozessdimension von Staatszerfall ergeben sich für die theoretisch-konzeptionelle Erfassung des Phänomens zwei grundlegende Prämissen. Erstens ist festzustellen, dass eine induktive Typologisierung von Staatszerfall angesichts der bestehenden Schwierigkeiten in der quantitativen und qualitativen Messung von Abgrenzungsschwellen prinzipiell wenig aussagekräftig ist. Daher wird der Mehrwert von Typologisierungen des Staatszerfalls in Frage gestellt, die undefinierte Abgrenzungskriterien aufstellen, während die Ursachen für die Zerfallsprozesse weitestgehend ausgeblendet werden. Insofern bedarf es weniger einer induktiven Typologisierung als vielmehr einer vorangehenden Betrachtung der Kausalitäten aus denen sich deduktive Annahmen formulieren lassen. Dies verspricht eine theoretisch gehaltvollere Analyse.[42] Aus diesen Überlegungen wird die Notwendigkeit einer analytischen Trennung der strukturellen Merkmale von den Ursachen, die für das Entstehen der Zerfallsprozesse verantwortlich sind, deutlich. Zweitens reicht die Verwendung nur eines Begriffs zur Beschreibung des Phänomens vollkommen aus. Da sich der Begriff des Staatszerfalls bzw. des state failure bereits durchgesetzt hat, kann er – trotz bestehender terminologischer Ungenauigkeiten (s. Kapitel 2) – bis auf weiteres angewandt werden. Durch die Verwendung eines ausschließlichen Begriffs können einerseits die analytischen und konzeptionellen Probleme beseitigt werden, während andererseits eine hinreichende Funktionalität für die Untersuchung des Phänomens gegeben ist. Aus diesen Überlegungen lassen sich zwei Aussagen über den Charakter von Staatszerfall ableiten: Er stellt erstens das sukzessive Auftreten der charakteristischen Variablen dar, und fällt zweitens je stärker aus, desto zahlreicher diese Variablen vorhanden bzw. desto stärker sie ausgeprägt sind. In dem folgenden Abschnitt sollen diese spezifischen Indikatoren herausgearbeitet werden.

4.2. Strukturelle Merkmale zerfallener Staaten

Das Entstehen des Staatszerfalls ist nicht als ein plötzlich auftretendes Ereignis aufzufassen, sondern als ein sich langsam entwickelnder Prozess, der von unterschiedlichen Faktoren maßgeblich ausgelöst und beeinflusst wird (Zartman 1995: 8). Eine konkrete Grenze zwischen Ursachen und Folgen lässt sich jedoch nicht immer genau ziehen, da sich beide häufig wechselseitig bedingen.[43] Die hier aufgestellten Differen-

---

[42] Durch diese Zielsetzung unterscheidet sich diese Arbeit grundlegend von der überwiegenden Anzahl der gegenwärtigen Untersuchungen, die in einem gegensätzlichen Ansatz definitorische Aspekte des Staatszerfalls hervorheben (vgl. Spanger 2000: 2).

[43] Dieser Eindruck lässt sich besonders deutlich an der Verbindung zwischen innerstaatlichen Konflikten und dem Zerfall staatlicher Strukturen darstellen. Während auf der einen Seite die Meinung vorherrscht, dass innerstaatliche Konflikte zu einer

zierungen haben eine Trennung unterschiedlicher struktureller Aspekte des Staatszerfalls zum Ziel. Die Abgrenzungen zwischen den einzelnen strukturellen Merkmalen sind in einigen Fällen fließend, so dass Überlappungen zu konstatieren sind, die aufgrund des analytischen Charakters der Unterteilungen jedoch in Kauf genommen werden müssen.

4.2.1. Soziologische Aspekte

Zerfallene Staaten zeichnen sich unter soziologischen Gesichtspunkten durch ein gestörtes Verhältnis zwischen dem Staat und seiner Gesellschaft aus. In betroffenen Staaten wird durch einen wachsenden Loyalitätsentzug der Bürger gegenüber der politischen Klasse deutlich, dass der Staat von seinen Bürgern in zunehmendem Maße nicht mehr als primäre Regelungsinstanz angesehen wird (Mair 2000: 161). Die vertikale Legitimität der politischen Ordnung ist daher nicht mehr vollständig gegeben und manifestiert sich in der Einschränkung des staatlichen Gewaltmonopols. Die Regierung verliert ihre Autorität über verschiedene Sektoren des Staatsterritoriums. Während sich das staatliche Gewaltmonopol oftmals nur auf die Hauptstadt oder spezifische ethnische Zonen beschränkt, besteht ein Macht- und Autoritätsvakuum in dem Rest des Territoriums (Rotberg 2003: 9). Die Größe dieser staatsfreien Räume ist dabei äußerst variabel. So ist der Verlust des staatlichen Gewaltmonopols in kleineren, begrenzten Gebieten wie den Slums und Vororten von Städten ebenso zu beobachten, wie die de facto Kontrolle wesentlicher Teile des Staatsgebietes durch nichtstaatliche Einheiten, wie es besonders deutlich in Kolumbien, der Demokratischen Republik Kongo, Afghanistan oder Somalia zu beobachten ist. Dabei entziehen sich in den meisten zerfallen Staaten vor allem die Grenzregionen der staatlichen Kontrolle. Dieser Zustand kann in Anlehnung an theoretische Grundannahmen der realistischen und liberalistischen Schulen als Anarchie innerhalb von Staaten bezeichnet werden (vgl. Holsti 1996),

---

Schwächung des Staates und seiner Strukturen führen (Carment 2002; Spanger 2002), vertreten andere Stimmen die Meinung, dass innerstaatliche Konflikte in erster Linie als Symptom bzw. Folge des Staatszerfalls anzusehen sind (Gantzel 2002; Ohlson/Söderberg 2002; Rotberg 2003).

wenngleich man aufgrund der vom Zerfall ausgehenden Spill-Over-Effekten vielmehr von einer sich bildenden regionalen Anarchie sprechen sollte (Chojnacki 2000: 25; Matthies 2000). In diesen staatsfreien Räumen entstehen für nichtstaatliche Akteure Möglichkeiten, das Macht- und Autoritätsvakuum auf lokaler und regionaler Ebene zu füllen. Der Staat als legitimer Repräsentant des gesamten Staatsvolkes wird dabei durch eine Vielzahl lokaler, traditioneller oder religiöser Autoritäten – den so genannten *Strongmen* (vgl. Ng´ethe 1995) – ersetzt (Migdal 1988; Tetzlaff 1999: 309).[44] Die Krise des zerfallenen Staates ist folglich auch eine Krise des unvollkommenen Gewaltmonopols der Zentralregierung, die ihren Anspruch auf das ihr formal zustehende Monopol der Gewaltanwendung nicht geltend machen kann: „(When) the regime falls, it brings down with it the power that it has concentrated in its hands" (Zartman 1995: 8)

4.2.2. Funktionalistische Aspekte

Eines der hervorstechentsten Merkmale zerfallener Staaten stellt sich in der eingeschränkten Fähigkeit dar, die wesentlichen Aufgaben moderner Staatlichkeit zu erfüllen (Nicholson 1998: 1; Rotberg 2002b: 87). Vom Zerfall betroffene Staaten sind in zunehmendem Maße nicht mehr in der Lage, zentrale öffentliche Güter für die Bevölkerung bereitzustellen (Gros 1996: 456; Zartman 1995: 5). Insbesondere die staatlichen Institutionen verfügen nur noch über eine eingeschränkte oder gar zusammengebrochene administrative Funktionalität, was zur Folge hat, dass staatliche Leistungen nicht mehr bereitgestellt werden können. Dies zeigt sich deutlich am Verschleiß der staatlichen Infrastruktur: Vor allem die Versorgung mit Wasser und Strom sowie die Bereitstellung von Verkehrswegen kann nicht mehr gewährleistet werden und auch die Wirtschafts-, Wohlfahrts-, Bildungs- und Gesundheitssysteme funktionieren nur noch partiell (Mair 2000: 162; Rotberg 2003: 4). Ein weiterer Indikator für die eingeschränkte administrative Reichweite des zerfallenen Staates bildet der verminderte Umfang des Abgabenmonopols,

---

[44] Tetzlaff bezeichnet eine Zuwendung auf alternative Herrschaftsmodelle auch als „Retraditionalisierung von Herrschaft" (Tetzlaff 2000b: 13).

der gleichsam Ausdruck für den Machtverlust des Staates ist (Schlichte 2000: 270; Wallensteen 1998: 2).[45]

Im Zusammenhang mit einer abnehmenden vertikalen Legitimation der staatlichen Ordnung und einem territorial begrenzten Gewaltmonopol kann der Staat vor allem die öffentliche Sicherheit nicht mehr gewährleisten. Fehlende Kompetenzen auf Seiten der Polizei und des Militärs führen zu Auflösungserscheinungen der Ordnungsstrukturen und der Rechtsmacht (Thürer 1999: 277), die sich in einem Anwachsen krimineller Gewalt manifestieren (Schneckener 2003: 12). Daneben ist das Ordnungsmuster der Gesellschaft aufgehoben, was Raum für Auseinandersetzungen und das Recht des Stärkeren bietet. Sicherheitslöcher, die durch den partiellen oder totalen Wegfall des Staates als Garanten von Recht und Ordnung entstehen, werden durch substaatliche Akteure wie Milizen, *Warlords*[46] und private Sicherheitsunternehmen geschlossen. Auf lokaler und regionaler Ebene können sich diese Akteure als Parallelstruktur zum Staat etablieren und bilden auf diese Weise parastaatliche Strukturen heraus (Migdal 1988: 136; von Trotha 2000: 269).[47] Zerfallene Staaten sind folglich durch eine Privatisierung von Sicherheit und eine Dominanz privater Gewalt[48] gekennzeichnet (Gantzel 2002: 10;

---

[45] Es besteht ein prinzipieller Zusammenhang zwischen den ökonomischen Grundlagen des Staates und dessen institutionellen Eigengewicht, wobei die Grenzen der Besteuerbarkeit die Stärke der Staatsmacht symbolisieren. In diesem Zusammenhang liegt der Anteil der Lohn- und Einkommensteuern an den Einkünften des modernen Industriestaates bei ca. 50%, in Schwellenländern bei 30% und in Staaten der Dritten Welt weit darunter (Schlichte 2000: 270; Wallensteen 1998: 2ff).

[46] Definiert werden kann ein „Warlord" als ein „leader of an armed band, possibly numbering up to several thousand fighters, who can hold territory locally and at the same time act financially and politically in the international system without interference from the state in which he is based" (Mackinlay 2000: 48). Vgl. dazu auch Michael Riekenberg (Riekenberg 1999) oder Stefan Mair (Mair 2002).

[47] Unter parastaatlichen bzw. parasouveränen Herrschaftsstrukturen ist die partielle Übernahme anerkannter Staatsaufgaben im Verwaltungsbereich oder staatlicher Souveränitätsrechte durch gesellschaftliche Machtzentren oder nichtstaatliche Gruppen zu verstehen (von Trotha 2000: 269ff).

[48] Angesichts defekter Staatenbildung und Quasistaaten, in denen sich im historischen Entwicklungsprozess keine monopolisierte Zentralgewalt herausbilden

Lock 2001). Der ehemalige Generalsekretär der Vereinten Nationen, Boutros Boutros Ghali beschrieb die Merkmale zerfallener Staaten und ihre Begleiterscheinungen wie folgt:

> „A feature of such conflicts is the collapse of state institutions, especially the police and judiciary, with resulting paralysis of governance, a breakdown of law and order, and general banditry and chaos. Not only are functions of government suspended, its assets destroyed or looted and experienced officials are killed or flee the country" (zit. nach Thürer 1999: 276).

4.2.3. Formal-völkerrechtliche Aspekte

Zerfallene Staaten sind durch das Auseinanderbrechen der Staatstrias aus Territorium, Bevölkerung und Staatsform gekennzeichnet. Durch die staatlichen Legitimationsdefizite und den Verlust des Gewaltmonopols ist einerseits die vertikale Legitimität zum politischen System eingeschränkt, während andererseits die Kontrolle über das Hoheitsgebiet des Staates nur partiell vorhanden ist. Parallelstrukturen zur staatlichen Herrschaft bewirken ein Aufbrechen der sozialen Kohäsion und treten in deutlichen Trennungslinien innerhalb der Gesellschaft zu Tage. Zerfallene Staaten zeichnen sich somit durch eine eingeschränkte Regulationsfähigkeit und folglich auch durch eine eingeschränkte Souveränität aus (Mathews 1997). Dieser Sachbestand wirkt allerdings nur nach innen, so dass von einer eingeschränkten oder gar einer fehlenden empirischen Staatlichkeit bzw. inneren Souveränität gesprochen werden muss. Nach außen bleibt der zerfallene Staat allerdings weiterhin bestehen, so dass er weiterhin über eine juristische Staatlichkeit verfügt (Spanger 2003: 7). Durch das Fehlen eines staatlichen Organs, das effektive und rechtsgültige Beschlüsse treffen kann, ist der zerfallene Staat allerdings sowohl intern wie auch extern faktisch handlungsunfähig (Rezwanian-Amiri 2000: 109; Thürer 1999: 278). Ungeachtet dessen

---

konnte, sollte anstelle des in Mode gekommenen Begriffs der „Privatisierung von Gewalt" (vgl. Münkler 2001) von der Dominanz privater Gewalt gesprochen werden (Gantzel 2002: 10f).

verbleiben zerfallene Staaten aufgrund fehlender völkerrechtlicher Grundlagen hinsichtlich des Staatszerfalls weiterhin als vollwertige Mitglieder in internationalen Organisationen (vgl. Fußnote 36). Letztendlich handelt es sich bei einem zerfallener Staat aus staatstheoretischer Sicht nicht mehr um einen Staat, da er keine politische Einheit darstellt, sondern lediglich ein Territorium mit Bevölkerung (Rezwanian-Amiri 2000: 109). Er bleibt daher lediglich als substanzlose Hülle auf der Weltkarte weiter bestehen (Menzel 2001: 3).

4.3. Zwischenbilanz: Strukturelle Merkmale zerfallener Staaten

Der Staatszerfallsprozess manifestiert sich in den betroffenen Staaten an unterschiedlichen soziologischen, funktionalistischen und formal-völkerrechtlichen Faktoren. Dabei treten vor allem das fehlende staatliche Gewaltmonopol, die Dysfunktionalität des Staates und seiner Institutionen sowie die Einschränkungen der Legitimität und der Einflussreichweite des Staates und der regierenden Klasse als bedeutendste strukturelle Merkmale in den Vordergrund. Bei einer tiefer gehenden Betrachtung ist jedoch eine deutliche wechselseitige Abhängigkeit der einzelnen Faktoren festzustellen (vgl. Abbildung 2). So zeigt sich beispielsweise, dass die fehlende vertikale Legitimität staatlicher Herrschaft in direktem Zusammenhang mit dem Ausbleiben staatlicher Leistungen – beispielsweise der ungenügenden Fähigkeit des Staates, Sicherheits- Wohlfahrts- und Gesundheitsbedürfnisse der Bevölkerung zu erfüllen – und der damit einhergehenden Störung der Beziehung zwischen der politischen Klasse und der Bevölkerung steht (Baker/Ausink 1996: 21; Chojnacki 2000: 11). Dabei vollziehen sich sowohl der Verlust staatlicher Autorität und die damit verbundenen Einschränkungen des territorialen Gewaltmonopols als auch die eingeschränkte Funktionalität staatlicher Institutionen zumeist im Kontext des Absinkens von vertikaler Legitimität. Von dem Blickwinkel des internationalen Systems verbleibt zerfallenen Staaten ihre juristische Staatlichkeit. Gleichzeitig sind sie allerdings durch die oben dargestellten Ausprägungen auf der innerstaatlichen Ebene durch einen Verlust ihrer empirischen Staatlichkeit gekennzeichnet. In dem folgenden Kapitel wird nun das Ziel verfolgt, die Ursachen herauszuarbeiten, die für die Ausbildung der hier genannten Merkmale verantwortlich sind.

Staatstypus　　　　　Analyseeinheit	Semimoderne Staaten	Zerfallene Staaten
Soziologische Aspekte	- Geringe gesellschaftliche Kohäsion - Eingeschränkte vertikale und horizontale Legitimität - Eingeschränktes staatliches Gewaltmonopol	- Geringe oder fehlende gesellschaftliche Kohäsion - Geringe oder fehlende vertikale und horizontale Legitimität - Nur noch partiell vorhandenes oder gänzlich fehlendes staatliches Gewaltmonopol
Funktionalistische Aspekte	- Ineffektive administrative und institutionelle Strukturen - Hohe ökonomische Abhängigkeit vom Weltmarkt	- Dysfunktionalität der administrativen und institutionellen Strukturen - Zusammenbruch der staatlichen Ökonomie
Formal-völkerrechtliche Aspekte	- Vorhandensein von juristischer Staatlichkeit - Eingeschränkte empirische Staatlichkeit	- Vorhandensein von juristischer Staatlichkeit - Fehlende empirische Staatlichkeit

Abbildung 2: Merkmale zerfallener Staaten im Vergleich zu semimodernen Staaten

5. Ursachen des Staatszerfalls

Der Zerfall staatlicher Strukturen ist eingebettet in unterschiedliche Rahmenbedingungen, die dessen Entstehen und Entwicklung maßgeblich beeinflussen. Zumeist begründen sich die Zerfallsprozesse auf endogene Ursachen, wohingegen exogene Einflussgrößen als Beschleuniger des Zerfalls zu verstehen sind. Staatszerfall lässt sich in diesem Zusammenhang bildlich mit einer Grippe vergleichen, bei der ein Grippevirus als endogener Faktor solange im Körper schlummert, bis er durch das Einwirken von Kälte als exogene Einflussvariable zum Ausbruch kommt. Staatszerfallsprozesse werden – wie auch die Grippe – allerdings nicht alleine durch den exogenen Einfluss ausgelöst, sondern bedürfen immer innerer Ursachen, die dabei entweder offen oder latent vorhanden sein können. In einigen Fällen – wie etwa bei besonders hartnäckigen Viren – können Zerfallsprozesse dagegen auch ohne äußere Einflüsse ausbrechen. Vor diesem Hintergrund müssen die Ursachen auf der innerstaatlichen Ebene von denen auf der internationalen Ebene getrennt werden, um Aussagen über die Wirkungszusammenhänge treffen zu können. Auf der Seite der *innerstaatlichen* Ursachen sollen dabei unter Rückgriff auf die Ergebnisse des vorangegangenen Kapitel drei Variablen hervorgehoben werden: Die Delegitimität staatlicher Herrschaft, das Vorhandensein paralleler Herrschaftsstrukturen sowie die Dominanz privater Gewalt (vgl. Kapitel 4). Als Einflussvariablen auf der *internationalen* Ebene bilden einerseits die zurückgegangene externe Unterstützung und Stabilisierung nach dem Ende des Ost-West-Konflikts und andererseits der Wandel der globalen ökonomischen Rahmenbedingungen wichtige Faktoren für die Dynamik von Staatszerfallsprozessen. In den folgenden Abschnitten sollen die Wirkungszusammenhänge zwischen den spezifischen Einflussfaktoren und strukturellen Merkmalen zerfallener Staaten untersucht werden.

5.1. Delegitime Form staatlicher Herrschaft

Der Rückgang der vertikalen Legitimität staatlicher Herrschaft in zerfallenen Staaten steht in einem engen Zusammenhang mit der Form der

Herrschaftsausübung der regierenden politischen Elite (Holsti 1996: 105). Staatszerfallsprozesse sind demnach das Resultat delegitimer Formen politischer Herrschaftsausübung von politischen Führern wie beispielsweise Charles Taylor in Liberia, Jose Eduardo dos Santos in Angola oder Joseph Mobutu in Zaire/Demokratische Republik Kongo: „Destructive decisions by individual leaders have almost always paved the way to state failure" (Rotberg 2002b: 93). Die Essenz einer derartigen Politik liegt in dem Kampf um den Staat als Beute und dem vordringlichen Ziel des Erhalts der Macht (Tetzlaff 1999: 322). In zerfallenen Staaten sind öffentliche Ämter Quellen von Status, Macht und Reichtum, die von den Amtsinhabern ausgeplündert werden (von Trotha 2000: 268). Der Staat wird dabei zunehmend zum Eigentum der regierenden Elite, und wird als Unterdrückungsorgan und Bereicherungsinstrument instrumentalisiert und kriminalisiert (Mair 2000: 1).[49] Sichtbare Mittel der Machtausübung und des Machterhalts der Regierungseliten stellen sich in Formen von Neopatrimonialismus, Klientelismus, Korruption und Rent-Seeking (s.u.) dar. Die eigentliche Gefahr dieser Formen staatlicher Herrschaft besteht in der Delegitimierung und Kriminalisierung des Staates (vgl. Bayard/Ellis/Hibou 1999: 13ff). Das endemische Fehlverhalten begräbt dabei den letzten Rest an Vertrauen in die staatlichen Institutionen. Als Resultat wendet sich die Bevölkerung von der Regierung und folglich vom gesamten Staat ab. Robert Rotberg kommt diesbezüglich zu der Einschätzung: „State failure is largely man made, not accidental" (Rotberg 2003: 22).

Zerfallene Staaten sind durch das Merkmal gekennzeichnet, dass sie zunehmend zum Patrimonium ihrer Inhaber werden. Neopatrimonialismus stellt dabei eine Mischform von Herrschaft dar, indem die formal vorhandene Unterscheidung zwischen Privatem und Öffentlichem seitens der Herrschaftselite keine Beachtung findet, und die Gesetze und Verfassungen systematisch missachtet werden (Erdmann 2003: 278). Die Staatskasse wird auf diese Weise zur uneingeschränkten Einnahmequelle der Regierenden.[50] Dabei dient die Abschöpfung der

---

[49] John Ayoade bezeichnet zerfallene Staaten im Hinblick auf deren Aneignung durch die herrschende Elite als „states without citizens" (Ayoade 1988).

[50] Für die private Vereinnahmung staatlicher Gelder findet sich eine Vielzahl von

Geldquellen des Staates und seiner Ressourcen zur Sicherung privater Renteneinkommen (Rent-Seeking). Rent-Seeking zielt dabei auf eine dauerhafte Bereicherung der Herrschaftselite durch Mittel des Staates – im Gegensatz zur schnellen und einmaligen Plünderung (Väyrynen 2000: 440). Durch diese Akkumulation staatlicher Ressourcen wird ein eindeutiges Zeichen an die Bevölkerung gesendet: Bereichere sich wer kann! Mittels dieser Verdrängung der offiziellen Politik wird die Legitimität und das Ansehen der Regierung und des Staates deutlich vermindert: „Rent-seeking policies (...) induce cynicism, undermine the legitimacy of the state, erode acceptance of income inequalitites, and stimulate antisocial behaviour" (Weiner 1987: 52).

Neben neopatrimonialistischen Merkmalen stellt der Klientelismus eine typische Ausprägung des Politikstils in zerfallenen Staaten dar. Darunter ist der „Tausch bzw. die Vermittlung bestimmter Dienstleistungen und/oder Ressourcen gegen politische Unterstützung" (Erdmann 2002: 329) zu verstehen. Klientelismus dient unter Einbeziehung konkurrierender Herrschaftsstrukturen der Sicherung der Macht. Die politischen Eliten begründen ihre Herrschaft folglich nicht in den formellen Institutionen des Staates, sondern sichern ihre Macht über informelle Netzwerke, was in einer Umgehung und Entwertung des Staatsapparates mündet, wodurch wiederum die Funktionen und die Autorität des Staates delegitimiert werden (Reno 2000b: 47).[51]

Öffentliche Ämter werden in zerfallenen Staaten oftmals nach persönlichen Beziehungen vergeben, so dass personalistische und bürokratische Machtstrukturen miteinander verbunden sind. In dieser klientelistischen Ordnung wird das Regieren in eine Amtsführung zum Nutzen der Mitglieder des Netzes primärer Beziehungen transformiert (von Trotha 2000: 266). Im größeren Maßstab sorgt die Bevorteilung spezifi-

---

Beispielen. Der ehemalige Präsident von Zaire/Demokratische Republik Kongo, Joseph Mobutu, verfügte kurz vor dem Ende seiner Amtszeit (1965-1997) über ein privates Vermögen von ca. 6 Milliarden US$; Das entspricht in etwa der Summe des damaligen jährlichen Staatshaushaltes des Landes (Reno 2000b: 46).

[51] William Reno bezeichnet Staaten, in denen derartige Untergrabungen der offiziellen Staatsinstitutionen und den gleichzeitigen Aufbau eines komplementären Gefüges anzutreffen sind, als *shadow states* (Reno 2000b).

scher Bevölkerungsgruppen zu einem Wohlstandsgefälle innerhalb des Staates. Beispiele wie Zaire oder Angola verdeutlichen die Tendenz, dass sich durch „politisierte Ethnizität" (Tetzlaff 2003) die politische und ökonomische Macht in den Händen weniger regionaler oder ethnischer Gruppen konzentriert (Carment 2003: 415). Die systematische Marginalisierung bestimmter Bevölkerungsteile durch „ethnokratische Regime" (Wallensteen 1998) führt dabei nahezu zwangsläufig zu Problemen wie Armut und Unterentwicklung, und geht einher mit negativen Begleiterscheinungen wie der Kriminalisierung des Alltagslebens, einer sinkende Lebenserwartung, zunehmender Unterernährung sowie einer stetigen Landflucht. Zerfallene Staaten verlieren zusätzlich deutlich an Stabilität, wenn durch Gegenbewegungen der missachteten Bevölkerungsgruppen die vertikale staatliche Legitimität zurückgedrängt wird.

Während Klientelismus die staatlich-legalen Strukturen untergräbt, sorgt Korruption in zerfallenen Staaten für eine Vergiftung der politischen Kultur. Vor allem den patronisierten Netzwerken in den staatlichen Institutionen dienen die Ämter der Konsolidierung der eigenen Macht und der Selbstbereicherung auf Kosten der Allgemeinheit (Tetzlaff 1999: 316). Durch den Austausch von Vorteilen wird die Macht des Amtes missbraucht, und das private vor das öffentliche Interesse gestellt. Korrupte Politiker und eine korrupte öffentliche Verwaltung führen einerseits zu einem Vertrauensverlust der Bürger in die Integrität staatlicher Institutionen und lösen andererseits Selbstbereicherungsdynamiken in der Bevölkerung als Reaktion auf das politische Fehlverhalten aus.

Da die Legitimation von Herrschaft ein Teil ihrer Bestandsvoraussetzung ist (vgl. von Trotha 1995: 7), beschränkt die herrschende Elite durch ihr politisches Fehlverhalten neben der Legitimität und Loyalität der Bevölkerung gleichzeitig auch ihre Aussichten auf zukünftige Regierungsbeteiligungen. Die Regierungseliten begegnen diesem Legitimitatsverlust mit Repressionen und Despotismus. Indikatoren dafur sind die Ausweitungen von autokratischen Entscheidungsstrukturen, Gewalt und Repression gegen die politische Opposition, Folter, Wahlfälschung und Wahlbetrug oder die systematische Einschränkung der horizontalen Legitimität. Diese Maßnahmen führen jedoch zu einer

Ausweitung des Legitimationsdefizits und somit zu einer Verstärkung des Staatszerfallprozesses (Holsti 1996: 88).

5.2. Parallele Herrschaftsstrukturen

Ein Aspekt staatlicher Autorität bezieht sich auf die Fähigkeit, Kontrolle über die Gesellschaft auszuüben und umfasst die Durchdringung der Gesellschaft sowie die Regulation der sozialen Beziehungen (Migdal 1988: 4). Zerfallene Staaten sind vor diesem Hintergrund durch eine eingeschränkte Kontrolle ihrer Bevölkerung gekennzeichnet. Dieses Defizit lässt sich auf das Scheitern des Versuches zurückführen, die Bevölkerung im Sinne des Staates umzuformen und zu loyalisieren (Lambach 2002: 26; Migdal 1988: 22f). Zerfallene Staaten sind dabei das Resultat einer Fragmentierung der gesellschaftlichen Strukturen, die sich in Form paralleler Herrschaftsstrukturen verfestigen (Migdal 1998: 37ff). Derartige Strukturen erschweren die Ausbildung stabiler staatlicher Strukturen und verhindern die Herausbildung eines gesamtterritorialen Gewaltmonopols des Staates und resultieren auf diese Weise in einer Einschränkung der staatlichen Legitimität.

Zerfallene Staaten sind des weiteren durch das Vorhandensein gesellschaftlicher Trennungslinien gekennzeichnet, die in der Literatur auch als „Cleavages" bezeichnet werden, und schwer überbrückbare Bruchlinien bezeichnen, die eine Gesellschaft in zwei oder mehrere Segmente unterteilen (Flora/Kuhnle/Urwin 1999: 34). Innerhalb einer staatlichen Gesellschaft manifestieren sich Cleavages typischerweise entlang ideologischer, ethnischer, geographischer, sprachlicher oder kultureller Sphären. Darüber hinaus lassen sich in zerfallenen Staaten gesellschaftliche Fragmentierungen zwischen Stadt und Land sowie Arm und Reich konstatieren (Gros 1996: 462).[52] In den unterschiedlichen Segmenten stehen lokale Anführer oder Repräsentanten an der Spitze der jeweili-

---

[52] In Afrika und in Zentralasien treten zudem speziell religiöse Trennungslinien zwischen Islam, Christentum und traditionellen Religionen in den Vordergrund, wie der Konflikt in Nord-Nigeria um die regionale Einführung der Sharia erst vor kurzem verdeutlicht hat.

gen gesellschaftlichen Gruppen. Zu unterscheiden sind dabei lokale *Strongmen*, deren Herrschaft vornehmlich auf ethnischen, sozialen und traditionellen Faktoren basiert, und Gewaltakteure wie beispielsweise *Warlords*, die ihre Herrschaftsstrukturen allein mittels physischer Gewalt herausbilden. Durch die Regulierung der sozialen Beziehungen innerhalb der Gruppe monopolisieren sie die Loyalität der Mitglieder und entziehen diese der staatlichen Herrschaft (Lambach 2002: 26). Auf diese Weise vollzieht sich ein Substitutionsprozess von politischer Autorität im Hinblick auf dessen geographische und soziale Reichweite, wobei der Staat als legitimer Repräsentant des gesamten Staatsvolkes durch lokale Herrscher ersetzt wird (Tetzlaff 1999: 309; 2000a: 41).

Der Rückgang der staatlichen Autorität und Legitimation steht darüber hinaus in engem Zusammenhang mit einer Störung des Herrschaftsverhältnisses zwischen dem Herrschaftszentrum in der Hauptstadt und der Bevölkerung in der Peripherie. Je weniger die Zentralregierung ihrer Aufgabe als funktionales Herrschafts- und Verwaltungszentrum nachkommt, desto größer ist die Wahrscheinlichkeit, dass lokale Strongmen die entstehenden politisch-administrativen Lücken füllen und Ordnungsfunktionen und Souveränitätsrechte des Staates übernehmen. Das Fehlen bürokratischer Strukturen führt darüber hinaus auch dazu, dass extrastaatliche Akteure wie Nichtregierungsorganisationen klassische Funktionen des Staates übernehmen (Mair 2000: 163; Schlichte 2000: 260). Auf lokaler Ebene etablieren sich auf diese Weise parallele parastaatliche Herrschaftsstrukturen (von Trotha 2000: 269), wobei die Politisierung von Ethnizität durch Machtrivalen vielerorts zur Normalität werden (Tetzlaff 2003). In peripheren Regionen üben somit nichtstaatliche Akteure faktisch die Macht aus, wobei sie sich durch die bestehenden *Cleavages* dem Einfluss der urbanen Zentralregierung noch stärker entziehen (Debiel 2003: 16). Befinden sich mehrere Gruppen in einer Auseinandersetzung um das Gewaltmonopol, wird die Kontrolle der Hauptstadt zu einem zentralen Element, da die Gewaltakteure auf diese Weise internationale Anerkennung als Vertreter eines souveränen Staates erlangen können; Und damit verbunden ist auch – und vor allem – die Aussicht auf den Zugang zu internationalen Finanzhilfen (Tetzlaff 1999: 316).

Durch das Ringen um das Recht der autoritativen Regelsetzung entstehen innerhalb der Gesellschaft unterschiedliche Quellen des Widerstandes gegen die Dominanz des Staates. Lokale Strongmen benutzen die Loyalität ihrer Anhänger, um die Autorität des Staates zu beschneiden (Migdal 1988: 33ff). Diese Dynamik führt zu einer generellen Einschränkung der Legitimität der staatlichen Herrschaft: „Growing disillusionment with the performance of the state and cyncism in many countries about the ruling group lead to apathy and detachment" (Young 1988: 26). Um einflussreiche Strongmen zu verdrängen, mangelt es dem Staat an infrastruktureller Macht, die er wiederum durch die eingeschränkte oder gänzlich fehlende Unterstützung durch die Bevölkerung nicht aufbauen kann. Er befindet sich in einem Teufelskreis, der im Sinne Kalevi Holsti als *state-strength dilemma* bezeichnet werden kann. Je größer die Anstrengungen der Staaten sind, ihre Autorität gegenüber den parallelen Herrschaftsstrukturen wieder herzustellen, desto größer wird der gesellschaftliche Widerstand und umso deutlicher wird letztendlich ihre eigene Legitimität geschwächt (Holsti 1996: 116; vgl. auch Job 1992: 20).[53]

5.3. Dominanz privater Gewalt

Neben dem durch delegitime Formen von Herrschaft und parallele Herrschaftsstrukturen ausgelösten Legitimitätsverlust staatlicher Herrschaft finden sich in zerfallenen Staaten private Gewaltakteure, deren Einflusssphäre das Gewaltmonopol des Staates in beträchtlichem Umfang beschneiden. Ist der Staat nicht Willens oder nicht in der Lage, Rechtssicherheit oder die Unversehrtheit der gesamten Bevölkerung zu garantieren, entstehen rechts- und staatsfreie Räume, in denen er Kriminalität nicht eindämmen kann und als Garant von Recht und Ordnung ausscheidet. Anstelle des staatlichen Gewaltmonopols können in diesen gewaltoffenen Hohlräumen staatlicher Macht private oder nichtstaatliche Akteure wie Warlords, Strongmen oder private Sicherheits-

---

[53] Dazu Holsti: „In its attempts to find strength, (the state) adopts predatory and kleptocratic practices or plays upon and exacerbates social tensions between the myriads of communities that make up the society. Everything it does to become a strong state actually perpetuates its weakness" (Holsti 1996: 117).

unternehmen Sicherheitsleistungen übernehmen (Tetzlaff 2002: 6).[54] Diese Akteure kontrollieren den Sicherheitsmarkt, erheben in ihren Herrschaftsgebieten Zölle und Steuern und versprechen als Gegenleistung Schutz vor Übergriffen durch eigene oder fremde Gruppen. Sicherheit wird dadurch für Bürger und Gewerbetreibende zur handelbaren Ware (Lock 1998: 72; Paes/Aust 2003: 1230). Diese Milizisierung in Folge des Erosionsprozesses staatlicher Gewalt und deren Übertragung auf private Akteure hebt das legitime Gewaltmonopol des Staates in zunehmendem Maße auf, da deutlich wird, dass die Zentralmacht nicht mehr Territorialmacht ist. Diese Einschränkung führt zu einer Delegitimierung der staatlichen Herrschaft, da offensichtlich wird, dass der Staat durch die Präsenz konkurrierender Gewaltakteure nicht mehr über die Exklusivität eines durch die komplette Bevölkerung legitimierten Gewaltmonopols verfügt.

Darüber hinaus wird durch die Ausweitung des Einflussbereiches privater Gewaltakteure die staatliche Autorität und Legitimität auch in den Regionen unterminiert, in denen die staatlichen Organe noch vollständig leistungsfähig sind. Als Extremfall entstehen infolge des Zurückdrängens der staatlichen Gewalt durch Warlords, Milizen und bewaffneten Banden anarchische, staatsfreie Räume, in denen die Gewaltakteure willkürlich und unbeeinflusst agieren können. Durch diese Einschränkung des staatlichen Gewaltmonopols verliert der Staat die Legitimität seiner Herrschaft an die lokal oder regional dominierenden Autoritäten. Einhergehend mit diesem Verlust zerfällt der Garant für die Aufrechterhaltung der Marktordnung, so dass Transaktionen zunehmend auf Gewalt basieren (Lock 1998: 71). Innerhalb der Herrschaftsgebiete der Gewaltakteure ist das Entstehen von Bürgerkriegs- und Schattenwirtschaften zu beobachten, in denen Waffenhandel, Schmuggel, Raub, Erpressung Ressourcenabbau sowie Drogenanbau und – Handel zu den dominierenden Strukturmerkmalen werden (Chojnacki

---

[54] Die Privatisierung des Sicherheitssektors hat mittlerweile eine globale Dimension erreicht, da entsprechend der Marktlogik die Internationalisierung und Globalisierung auf der Angebotsseite von Sicherheit schnell vorangetrieben wird. Dabei wird die Branche von international agierenden privaten Sicherheitsunternehmen wie Defence Systems Ltd., Military Professional Resources, Inc. oder Sandline International dominiert (Büttner 2003).

2000: 10; vgl. auch Paes 2002b: 150). In derartigen Gewaltmärkten[55] ist eine Verfestigung der Gewaltstrukturen festzustellen, da die profitablere Gewaltanwendung friedliche ökonomische Produktionsmechanismen verdrängt (Elwert 1997: 88).

Die Gewaltakteure sind darüber hinaus nicht primär an militärischen Gewinnen, sondern an der Eroberung und Kontrolle von Ressourcen interessiert. Es bilden sich auf diese Weise autonome, gewaltdominierte Herrschaftsbereiche heraus, in denen Gewalt zum Mittel der ökonomischen Reproduktion wird und in denen für die Selbststabilisation die Aufrechterhaltung von Unsicherheitslagen und Gewaltökonomien zu beobachten ist (Kaldor 2000: 174; Riekenberg 1999: 190). Diese Verstetigung und Dominanz privater Gewalt drängt die legitime Herrschaft des Staates in Teilregionen des Territoriums zurück. In diesem Zusammenhang zeigt sich eine enge Verbindung zwischen der Dominanz privater Gewalt und Rohstoffreichtum, wobei Staatszerfallsprozesse vor allem in Ländern mit reichen Extraktionsressourcen wie Erdöl, Erze oder Diamanten zu beobachten sind (Collier/Hoeffler 2001: 3ff; Erdmann 2003: 273).

Die Dynamik der Ausweitung privater Gewalt steht in einem deutlichen Zusammenhang mit der Verfügbarkeit von Waffen, und hier insbesondere von Kleinwaffen (Paes 2002a: 8ff). Im Verlauf des Kalten Krieges und mit dem Zusammenbruch der ehemaligen Ost-Block-Staaten gelangte eine große Menge an Waffen zur Aufrüstung verbündeter Regime in viele semimoderne Staaten. Diese Waffen sind mittlerweile teilweise im Besitz nichtstaatlicher Akteure, wodurch das staatliche Gewaltmonopol durch das enorme private Gewaltpotential eingeschränkt und den Zerfall des Staates gefördert wird (Ayoob 1995: 81; Gros 1996: 464): „Throughout the Cold War (1950-1989), the U.S. delivered over $1.5 billion worth of weaponry to Africa. Many of the top U.S. arms clients – Liberia, Somalia, the Sudan, and Zaire (...) – have turned out to be the top basket cases of the 1990s in terms of violence, instabil-

---

[55] Georg Elwert definiert Gewaltmärkte als in Verbindung mit Bürgerkriegen, Kriegsherrensystemen oder Räubertum entstandene Wirtschaftsräume, in denen ökonomische Gewinne nicht erwirtschaftet, sondern das Ergebnis gewaltgestützter Aneignung sind (Elwert 1997: 87f).

ity, and economic collapse" (Hartung/Moix 2000).[56] Vor allem die hohe Verfügbarkeit von Kleinwaffen wie Revolvern, Gewehren und Maschinengewehren sowie deren geringe Anschaffungskosten, leichte Handhabbarkeit und geringes Gewicht begünstigen die Ausweitung der Dominanz privater Gewalt.

5.4. Wegfall externer Unterstützung

Das Phänomen des Staatszerfalls ist aus entwicklungsgeschichtlicher Perspektive eng verbunden mit dem Ende des Ost-West-Konfliktes. Während des globalen Systemgegensatzes war die externe finanzielle und militärische Unterstützung eine wichtige Stütze vieler Regime in Staaten der Dritten Welt, die unter dem Einfluss der Blockkonfrontation als strategische und ideologische Einflussregionen der Supermächte dienten. Infolge der Beendigung der Ost-West-Konfrontation sank das Interesse des Nordens an den nun geostrategisch relativ bedeutungslosen Entwicklungsstaaten, was in einem deutlichen Rückgang der externen Unterstützung und dem Ende der Patronage durch die Supermächte resultierte (Clapham 1996: 23f; Holm 1998: 2). Mit den sinkenden Militär- und Entwicklungshilfen endete die künstliche Beatmung vieler Quasistaaten, deren empirische Souveränität zu großen Teilen von externen Finanzspritzen abhängig war.[57] Die dramatische Erosion dieser Einkommensbasis führte zu einem Einbruch der finanziellen Integrität vieler Regierungen, und verschärfte so die politischen Krisen vieler

---

[56] Ähnlich argumentiert Christopher Clapham: „Paradoxically, however, the ultimate effect of this massive import of armaments was not to strengthen the states which received them, but to weaken and, in some cases, eventually to destroy them. A rollcall of Africa's major arms recipients – Angola, Chad, Ethiopia, Liberia, Mozambique, Somalia, Sudan, Zaire – also provides a list of its failed and collapsed states." (Clapham 1996: 156).

[57] Zwischen 1962 und 1988 waren Äthiopien, Kenia, Liberia, Somalia, der Sudan und Zaire die Hauptempfänger staatlicher Entwicklungshilfen durch die Vereinigten Staaten in Afrika. Nach den Einschnitten in den finanziellen Zuwendungen nach 1989 sind Staatszerfallsprozesse mit Ausnahme Kenias in allen dieser Ländern festzustellen (Clough 1992).

Staaten (Herbst 1996: 123). Verbunden mit dem finanziellen Verlust ist außerdem ein Legitimitätsverlust der politischen Klasse festzustellen. Aufgrund der wachsenden Schulden muss der Staat viele seiner Leistungen einschränken oder komplett einstellen und sieht sich daher mit einem Vertrauensentzug durch die Bevölkerung konfrontiert.

5.5. Veränderungen der globalen wirtschaftlichen Rahmenbedingungen

Das Scheitern und der Zerfall vieler Staaten stehen häufig in Zusammenhang mit dem Wandel der ökonomischen Rahmenbedingungen auf globaler Ebene im Verlauf des gegenwärtigen Globalisierungsprozesses. Kern der Globalisierungsdynamik ist der seit den 1970er Jahren zu beobachtende Bedeutungsverlust des Staates zugunsten supra-, trans- oder subnationaler Akteure, der im Gegensatz zu den Industriestaaten in vielen semimodernen Staaten der Dritten Welt oftmals nicht kompensiert werden konnte. Mit der Liberalisierung der Finanzmärkte wurden Gesetze zur Reglementierung von Transferleistungen abgebaut, mit der Folge, dass Investitionen von Unternehmen und Privatpersonen im Ausland erleichtert und gleichzeitig eine komplette Gewinntransferierung aus dem Land heraus ermöglicht wurden. Vielen Staaten der Dritten Welt wurde dadurch die Möglichkeit der Finanzstromlenkung entzogen, so dass sie deutlich weniger vom Wachstum des Welthandels profitieren konnten als die Industrieländer. Dabei geht der relative Bedeutungsverlust vom Zerfall bedrohter Staaten einher mit Zentrifugalkräften im Inneren, da einerseits deren ökonomische Basis absinkt[58] und andererseits trans- und substaatliche Akteure unter Umgehung staatlicher Kontrollinstanzen Verbindungen zum globalen Markt herstellen können (Duffield 2000: 68). Das Kennzeichen dieser

---

[58] Vgl. dazu Mary Kaldor: „Die neoliberalen Maßnahmen erhöhten die Arbeitslosigkeit, den Ressourcenverbrauch und die Einkommensunterschiede und schufen damit ein Milieu, in dem sich Kriminalität, Korruptionskartelle, Schwarzmarkthändler, Waffen- und Drogenschmuggler usw. ausbreiten konnten. (...) Im großen und ganzen führt ,mehr Markt' nicht zu neuen, eigenständigen produktiven Unternehmen, sondern vielmehr zu Korruption, Spekulation und Verbrechen" (Kaldor 2000: 132).

Parallelmärkte ist der grenzüberschreitende Austausch legaler und illegaler Güter. Die Liberalisierung des Weltmarktes ist vor diesem Hintergrund als ein Katalysator für das Aufkommen von Gewalt und Konflikten zu verstehen, da die Globalisierung keine friedliche Konvergenz im Rahmen liberaler Marktordnung, sondern ein dauerhaftes Ordnungsdefizit entstehen ließ (Duffield 2000: 69ff; Kaldor/Luckham 2001: 49ff). Durch diese Parallelstrukturen wird die Ordnungsfunktion des Staates zurückgedrängt und dessen Legitimation eingeschränkt.

5.6. Zwischenbilanz – Was ist Staatszerfall?

Vor dem Hintergrund der bislang durchgeführten Untersuchungen sollen nun die eingangs gestellten Forschungsfragen beantwortet werden. Diese Zwischenbilanz hat allerdings nur einen vorläufigen Charakter, da die im anschließenden Kapitel durchgeführten Fallstudien zur Überprüfung der erarbeiteten Ergebnisse herangezogen werden. Prinzipiell lassen sich die beiden Elemente Staatszerfall und zerfallener Staat konzeptionell voneinander in zwei unterschiedliche Analyseeinheiten differenzieren: Während es sich beim Staatszerfall um einen *Prozess* handelt, ist unter einem zerfallenen Staat ein temporärer *Zustand* zu verstehen. Bei der Konzeptionalisierung des Staatszerfallphänomens ist diese Unterscheidung zu berücksichtigen, wenngleich sich beide Elemente häufig wechselseitig beeinflussen.

Auf der *strukturellen* Ebene handelt es sich bei Staatszerfall um den Verlust des Monopols staatlicher Gewaltanwendung sowie um den Abbau vertikaler Legitimität der staatlichen Ordnung und der regierenden Klasse. Die Loyalität der Bevölkerung und die Durchsetzbarkeit des staatlichen Gewaltmonopols nehmen dabei mit zunehmender Entfernung von der Hauptstadt und den staatlichen Machtzentren ab, so dass Teilregionen und die Grenzen sich nahezu vollständig der staatlichen Kontrolle entziehen. Staatszerfall bedeutet eine ansteigende Dysfunktionalität der administrativen und institutionellen Strukturen des Staates, die begleitet wird von einer schwindenden Ressourcenbasis. Durch den Zerfallsprozess verliert der betroffene Staat an empirischer Legitimität, während seine juristische Staatlichkeit weiterhin Bestand hat.

Auf der *Prozessebene* stellt Staatszerfall den prozessualen Abbau empirischer Staatlichkeit dar. Der Zerfall ist allerdings nicht als ein linearer Prozess zu verstehen, sondern als eine Momentaufnahme eines Entwicklungsverlaufs, der sich über einen längeren Zeitraum entwickelt und von unterschiedlichen Faktoren ausgelöst und beeinflusst wird. Es stellt dabei erstens das sukzessive Auftreten dieser charakteristischen Variablen dar, und fällt zweitens je stärker aus, desto zahlreicher diese Variablen vorhanden bzw. desto stärker sie ausgeprägt sind. Zerfallsprozesse werden auf der staatlichen Ebene durch die Dominanz privater Gewalt, delegitime Formen staatlicher Herrschaft sowie dem Vorhandensein paralleler Herrschaftsformen hervorgerufen und beeinflusst; Sie wirken unter Rückgriff auf Harff als *triggers*. Auf der systemischen Ebene sorgen der Wegfall externer Unterstützung und Veränderung der globalen wirtschaftlichen Rahmenbedingungen als *accelerators* für eine Verstärkung des Staatszerfalls. Hieraus wird deutlich, dass vor allem das *Akteursverhalten* auf der staatlichen und substaatlichen Ebene das Entstehen und den Verlauf von Zerfallsprozessen beeinflusst. In den folgenden Fallstudien sollen die kausalen Zusammenhänge zwischen den hier herausgearbeiteten Einflussvariablen und den jeweiligen Staatszerfallsprozessen untersucht werden.

6. Fallstudien

Nachdem in den vorangegangenen Kapiteln die Problemstellung und die zu ihrer Bearbeitung notwendigen theoretisch-analytischen Untersuchungsschritte unternommen worden sind, sollen nun die zur Erklärung des Zustandekommens von Staatszerfallsprozessen aufgestellten Variablen in einer vergleichenden Fallanalyse auf ihre Korrelation getestet werden. An den Beispielen von Liberia, Tadschikistan und Kolumbien soll im Folgenden untersucht werden, ob und inwieweit die in Kapitel 5 erarbeiteten Merkmale tatsächlich zu einer Destabilisierung und letztendlich zu einem Zerfall von Staatlichkeit beitragen. Im Einzelnen werden die folgenden Einflussfaktoren untersucht:

- Delegitime Formen staatlicher Herrschaft

- Parallele Herrschaftsstrukturen

- Dominanz privater Gewalt

- Wegfall externer Unterstützung

- Veränderungen der globalen wirtschaftlichen Rahmenbedingungen

Diese werden zunächst in den Einzelfallstudien auf ihre Relevanz und Kausalität in den jeweiligen Zerfallsprozessen betrachtet und anschließend in einer zusammenführenden Analyse auf ihre Korrelationen untersucht.

6.1. Liberia

Liberia erklärte 1847 seine Unabhängigkeit und wurde für mehr als hundert Jahre von einer Aristokratie der Ameriko-Liberianern – freigelassenen Sklaven aus den USA und deren Nachfolgern – politisch und wirtschaftlich dominiert. Der Zerfall des Staates begann Ende der 1970er Jahre, als es dieser Elite nur noch mittels Repressionen möglich war, die sich verstärkenden politischen und sozialen Proteste der Bevölkerung zu unterdrücken. Nach einem Militärputsch übernahm Samuel Doe 1980 das Präsidentenamt und bildete eine auf ethnischen Kriterien aufbauende Machtelite heraus. Nach der Manipulation und Fälschung mehrerer Wahlen setzte sich der Staatszerfallsprozess Mitte der 1980er Jahre mit einem nicht revidierbaren Verlust der Legitimität der staatlichen Herrschaft und ihrer Institutionen, insbesondere des Präsidentenamtes, drastisch fort. Am 24.12.1989 begann ein Bürgerkrieg in Liberia, der durch den Überfall eines Militärpostens durch die ca. 150 Mann starke National Patriotic Front of Liberia (NPFL) unter dem Kommando von Charles Taylor ausgelöst wurde. Die NFPL erhielt durch den repressiven Charakter des Doe-Regimes starken Zulauf in der Bevölkerung und hatte im Sommer 1990 etwa 90 Prozent Liberias unter ihrer Kontrolle und stand vor der Einnahme der Hauptstadt Monrovia. Die Mitgliedstaaten der Wirtschaftsgemeinschaft westafrikanischer Staaten (Economic Community of West African States – ECOWAS) entsandten im September eine Eingreiftruppe (Economic Community of West African States Monitoring Group – ECOMOG), die durch eine militärische Intervention die Eroberung Monrovias durch die NPFL verhindern konnte. Eine von ihr eingesetzte Übergangsregierung wurde von den Rebellen jedoch nicht anerkannt. Der Bürgerkrieg weitete sich zunehmend aus; Es bildeten sich mehrere Rebellen- und Splittergruppen,[59] die den Einflussbereich der NPFL signifikant eingrenzten. 1996 trat ein Friedensabkommen in Kraft, in dessen Folge Charles Taylor 1997 zum Präsidenten Liberias gewählt wurde. Von 1989 bis 1997 fielen 200.000 Menschen dem Bürgerkrieg zum Opfer, 750.000 flüchteten in Nachbarstaaten, während zugleich ca. die Hälfte der 2,4 Millionen Liberianer innerhalb des Landes auf der Flucht waren (Reno 2000a: 231).

Seit 1999 kam es erneut immer wieder zu Gefechten zwischen Rebellengruppen und Taylors Regierungseinheiten. Im August 2003 ging Taylor nach internationalen Druck wegen der direkten Unterstützung einer Rebellengruppe in Sierra Leone ins Exil nach Nigeria. Während sich die Truppen von Taylor in einem Auflösungszustand befinden,

---

[59] 1996 waren abgesehen von ECOMOG ca. 20 Bürgerkriegsparteien an den Kampfhandlungen in Liberia unmittelbar beteiligt (van den Boom 1996: 103; Wenzel 2003: 1242). In die Kampfhandlungen waren dabei etwa 60.000 Kämpfer involviert, davon etwa 25% Kindersoldaten (Korte 1996: 68).

verbleiben die Liberians United for Reconciliation and Democracy (LURD) und die Movement for Democracy in Liberia (MODEL) trotz der Installierung einer Übergangsregierung auf der Grundlage des Accra-Friedensabkommens von 18. August 2003 weiter in der militärischen Offensive (ICG 2003b: i).

Der Staatszerfall manifestiert sich in Liberia besonders deutlich in der fast vollständig zerstörten Infrastruktur. Die Stromversorgung ist weitestgehend zusammengebrochen, es existieren nur noch wenige Schulen und das Gesundheitssystem ist nahezu vollständig zerstört.[60] Insbesondere die Infrastruktur der Hauptstadt Monrovia ist vollkommen überlastet durch die zahlreichen Flüchtlinge, die dort während des Bürgerkrieges Schutz gesucht haben.[61] Das Gewaltmonopol des Staates ist angesichts der immer noch marodierenden Rebellengruppen im Land faktisch komplett außer Kraft gesetzt.

6.1.1. Delegitime Formen staatlicher Herrschaft

Seit Beginn der Unabhängigkeit ist Liberia durch ein patrimoniales Herrschaftssystem gekennzeichnet, in welchem die Ameriko-Liberianer bis zum Militärputsch von 1980 die politischen und wirtschaftlichen Schlüsselpositionen besaßen. Sie etablierten einen amerikanischen Lebensstil, diskriminierten die Angehörigen der ursprünglichen Bevölkerung mit kolonialen Herrschaftsmethoden und dominierten das Land als Minderheit von ca. 3% der Gesamtbevölkerung in einem Einparteiensystem. Ihre uneingeschränkte ökonomische und politische Vormachtstellung begünstigte das Entstehen von Korruption, Klientelismus und extremer Einkommensunterschiede (Kappel/Korte 1993: 279f). Insbesondere unter Präsident William Tolbert (1971-1980) nahm die Konzentration politischer und ökonomischer Macht in den Händen ei-

---

[60] Im Jahr 2001 gab es nur noch etwa 30 praktizierende Ärzte in ganz Liberia (ICG 2002: 16).

[61] Vor Beginn des Bürgerkrieges lebten ca. 75% der Bevölkerung auf dem Land (etwa 2 Millionen). 1984 lebten etwa 430.000 Menschen in Monrovia, Mitte der 1990er Jahre waren es bereits mehr als eine Million (de Montclos 1999: 241).

ner Minderheit weiter zu, wodurch das soziale Gleichgewicht vollends aus den Fugen geriet. Der Militärcoup Doe's richtete sich daher nicht nur auf wirtschaftliche Interessen, sondern vor allem gegen die elitäre Minderheit der Ameriko-Liberianer. Allerdings folgte auf den Putsch eine Fortsetzung dieser delegitimen Herrschaftsformen: Die politische Macht konzentrierte sich nach dem Coup hauptsächlich in den Händen von Angehörigen Doe's eigener ethnischen Gruppe, den Krahn.[62] Andere ethnische Gruppen wurden zunehmend von der politischen Macht und somit auch von den Zugangschancen zu wirtschaftlichem Fortschritt ausgeschlossen. Nach manipulierten und gefälschten Wahlen begann 1985 die Phase von Doe's Präsidialdiktatur, in deren Verlauf durch ethnische Verfolgungen und Ermordungen über 3.000 Angehörige der Mano und Dan vor allem im Nimba County getötet wurden. Durch diese Repressionen des Doe-Regimes setzte eine Ethnisierung der Politik in Liberia ein, wodurch die Legitimität der Zentralregierung maßgeblich reduziert wurde (vgl. Schlichte 1996: 225).[63]

Auch unter der Ägide von Charles Taylor setzte sich die Form delegitimer Herrschaft fort, die durch Neopatrimonialismus, Klientelismus und Rent-Seeking gekennzeichnet war.[64] Den Rückhalt seiner Macht organisierte Taylor durch die Begünstigung von Familienmitgliedern, engen politischen Gefolgsleuten und seines Sicherheitsapparates, darunter die Anti-Terrorist Unit (ATU) und der Special Security Service (SSS),

---

[62] Kurz nach dem Militärputsch wurde die Machtübernahme von der Bevölkerung in Monrovia daher wie folgt beschrieben: „Same taxi, different driver" (Lowenkopf 1995: 100).

[63] Diese Reduktion auf die ethnische Zugehörigkeit wurde zu einem strukturellen Merkmal des Bürgerkrieges: Wer an einer Straßensperre bestimmter Milizen nicht die nachgefragte Sprache glaubhaft als seine Muttersprache nachweisen konnte, wurde erschossen (Schlichte 1995: 69).

[64] Bereits der Beginn der durch Wahlen legitimierten Machtübernahme Charles Taylors am 19. Juli 1997 ist durch delegitime politische Formen gekennzeichnet. Taylor kündigte vor den Wahlen an, den Bürgerkrieg weiterzuführen, falls er die Wahl nicht gewinnen sollte. Nach seinem Wahlsieg mit 75% der Stimmen kommentierte das African Faith and Justice Network den Wahlausgang angesichts der Aussicht auf die Weiterführung des Krieges wie folgt: „It was a case of 'your vote or your life'" (1997).

deren Loyalität durch US-Dollar erkauft wurde (Körner 2003: 2). Zu den Werkzeugen der Herrschaftssicherung zählten weiterhin schwerste Menschenrechtsverletzungen wie Tötung, Verschleppung, Folter, Vergewaltigung und Zwangsarbeit. In Monrovia gab es darüber hinaus staatlich geduldete ethnische Übergriffe gegen Angehörige der Krahn, Mandigo und Gbandi, die als Rückhalt der LURD galten und schon während des Bürgerkrieges von 1989-1997 auf der Seite der Taylor-Gegner standen (Körner 2003: 2). In Folge der neopatrimonialen Herrschaftsformen stellte sich zusätzlich ein Defizit in der Bereitstellung öffentlicher Sicherheit ein, da für die staatlichen Institutionen nicht mehr die Bevölkerungssicherheit, sondern die Sicherung ihrer Privilegien zur Priorität geworden ist.

Ein besonders deutlich zu Tage tretendes Merkmal des Taylor-Regimes war die Abschöpfung staatlicher Einnahmen, wobei neben der privaten Akkumulation internationaler Entwicklungshilfen insbesondere die Erlöse aus Ressourcenverkäufen als beträchtliche Einnahmequelle dienten.[65] Dabei wurde die staatliche Souveränität als Vorwand genutzt, um die Staatsressourcen auszubeuten. Durch wirtschaftliche Abkommen mit Industriestaaten und transnationalen Konzernen wurden neben dem Export von Tropenholz, Eisenerz und Kautschuk auch Konzessionen über den Abbau verschiedener Rohstoffe geschlossen. Der Großteil dieser Einnahme diente der militärischen Aufrüstung der Regierungstruppen und somit der Sicherung der Herrschaft oder floss direkt in die Taschen der Regierungselite; Die Bevölkerung, die staatlichen Institutionen und die staatliche Infrastruktur profitierten hingegen nicht von diesen Erlösen (Reno 2000a: 239ff).[66] Der Armut der Bevölkerung und der desolaten wirtschaftlichen Lage stand die Abschöpfung von Gewinnen aus dem Verkauf illegal abgebauter oder erworbener Ressourcen durch das Taylor-Regime gegenüber.

---

[65] Nach Schätzungen waren allein im Jahr 1987 mehr als 16 Millionen US-Dollar an Auslandshilfe in Liberia in den Taschen der Regierungselite verschwunden (de Montclos 1999: 222).

[66] Vor diesem Hintergrund gilt vor allem für die neopatrimonialen Regierungen Liberias das Sprichwort: „Staatsmänner am Tage, Banditen in der Nacht" (vgl. Thürer 1999: 278).

In Liberia zeigt sich vor diesem Hintergrund deutlich der Mangel an reziproken Beziehungen zwischen den herrschenden politischen Eliten und dem Hauptteil der Bevölkerung. Die Patronagenetzwerke der Regierungen privilegierten spezifische Bevölkerungsgruppen und delegitimierten sich dadurch für den Rest der Gesellschaft. Der Zerfallsprozess des Staates als auch der Bürgerkrieg sind daher als Antwort auf diese Zustände zu verstehen (Reno 2000a: 233).

6.1.2. Parallele Herrschaftsstrukturen

Liberia ist seit seiner Unabhängigkeit durch die Dominanz spezieller Bevölkerungsgruppen – hauptsächlich den Ameriko-Liberianern – über den Rest der Bevölkerung gekennzeichnet. Ein Großteil dieser ethnischen Gruppierungen ist erst innerhalb der letzten Jahrhunderte in das liberianische Gebiet eingewandert. Diese Ethnien sind allerdings keine festen traditionellen oder kulturellen Einheiten, sondern haben sich erst durch die Herrschaft der Ameriko-Liberianer verfestigt oder überhaupt erst konstituiert (Schlichte 1996: 225). Unterschiede und gegensätzliche Interessen zwischen den ethnischen Gruppen wurden oftmals durch den Gegensatz zu den Ameriko-Liberianern überlagert. Auf diese Weise bildete sich in der liberianischen Gesellschaft keine ausschließliche Identifikation über die eigene ethnische Zugehörigkeit aus. Die herrschende Elite verstand es allerdings immer durch die klientelistische Einbindung der unterschiedlichen Bevölkerungsgruppen stabile staatliche Strukturen aufzubauen (Lowenkopf 1995: 99; Reno 2000a: 234). Somit lassen sich in Liberia zwar gesellschaftliche Fragmentierungen feststellen, jedoch nicht die Bildung bedeutender und legitimierter paralleler Herrschaftsstrukturen entlang ethnischer Grenzen (Lowenkopf 1995: 91).

Während des Bürgerkrieges wuchs die Bedeutung der ethnischen Zugehörigkeit deutlich an. Diese konstituierten sich allerdings durch die neopatrimonialen Privilegien der Ethnien der jeweiligen Regierungselite.[67] Vor diesem Hintergrund stellen aber auch die Bürgerkriegsgrup-

---

[67] Es wäre allerdings verfehlt, von einem machtpolitisch motivierten ethnischen

pen keine parallelen Herrschaftsstrukturen dar, zumal sie in den von ihnen kontrollierten Gebieten keine staatlichen Funktionen übernehmen.[68] Zwischen 1990 und 1994 konnte allein die NPFL unter Charles Taylor in den von ihnen kontrollierten Gebieten ein staatsähnliches Gebilde aufbauen, das sie selbst als „Greater Liberia" bezeichneten (Korte 1997: 66).[69] Wenngleich der Versuch unternommen wurde, staatsähnliche Strukturen einzuführen – beispielsweise durch eine eigene Währung, eine eigene Hauptstadt und eine eigene Armee – kann man nicht von parallelen Herrschaftsstrukturen sprechen, da sich die Herrschaft durch willkürliche Gewalt, bar jeglicher Legitimation durch die Bevölkerung nur kurzfristig herausbilden konnte.

6.1.3. Dominanz privater Gewalt

Der Staatszerfallsprozess in Liberia ist maßgeblich durch das verstärkte Aufkommen privater Gewaltakteure ausgelöst und beeinflusst worden. Angesichts einer Vielzahl bewaffneter Milizen und Warlords kann der

---

Krieg der NPFL gegen die Dominanz der Krahn und ihrer ethnischen Verbündeten zur Zeit der Militärdiktatur auszugehen. Charles Taylor hat es zu Beginn des Bürgerkrieges lediglich verstanden, Ressentiments, Hass und Widerstandsmotive der Bevölkerung von Nimba County für das Ziel des bewaffneten Kampfes der NPFL gegen die Zentralregierung in Monrovia zu funktionalisieren, ihre Bereitschaft zum Krieg gegen die Armee und politisch vorherrschende Klasse zu mobilisieren und zu organisieren (Korte 1996: 69). Der Effekt dieser Mobilisierung ethnischer Vorurteile erschöpft sich jedoch spätestens nach der misslungenen Einnahme Monrovias im Herbst 1992. Die Kämpfer der NPFL erklärten daraufhin praktisch jeden, der sich nicht ihrem Machtterror unterwerfen wollte, als Feind, der entweder auszubeuten oder zu töten ist (Ellis 1995: 182ff).

[68] Keine der Bürgerkriegsparteien hat ihren Kampf mit dem Ziel einer Sezession ideologisch begründet, sondern forderten durchweg eine einheitliche Regierung für das Land. Diesen Status wird von allen Parteien angestrebt, da auf diesem Wege die persönliche Bereicherung am Staat durch den offiziellen Status gesichert wäre. Alle Protagonisten bezogen sich dabei auf das moderne europäische Staatsmodell, um so der internationalen Norm von Staatlichkeit zu entsprechen, und auf diese Weise an die internationalen Geldtöpfe zu gelangen (vgl. de Montclos 1999: 242).

[69] In Anlehnung an die dominierende Person Charles Taylors wurde dieses Gebiet auch als „Taylorland" bezeichnet (vgl. de Montclos 1999).

Staat nicht mehr als Garant für Sicherheit und Recht auftreten. Alle Versuche, das staatliche Gewaltmonopol als umfassende Gebietsherrschaft wieder herzustellen, sind bislang fehlgeschlagen.

Der Verlust des territorialen Gewaltmonopols stellte sich mit Beginn des Bürgerkrieges im Jahr 1989 ein. Zuvor konnten die Zentralregierungen die staatliche Herrschaft durch Repressionen und den Einsatz des Militärs auch vor Putschversuchen gewährleisten. Durch die militärischen Erfolge der Bürgerkriegsgruppen – allem voran die der NPFL, die ihre Kontrolle zwischenzeitlich auf 90% des Staatsterritoriums ausdehnen konnte – wurde die Einflusszone der liberianischen Regierung deutlich eingeschränkt. Die Kontrolle über Teile des liberianischen Territoriums versetzte die Gewaltakteure in die Lage, in den entstandenen staatsfreien Räumen Kriegsökonomien zu entwickeln und zu festigen. Durch Raub und Plünderungen der Bewohner in den kontrollierten Gebieten wurde die Machtposition der Kriegsunternehmer finanziert und darüber hinaus die territoriale Basis gefestigt und erweitert (de Montclos 1999: 239). Ungehindert durch staatliche Gesetze wurden Konzessionsbetriebe in der Eisenerzindustrie, in der Plantagenindustrie und Abholzungsunternehmen von Tropenhölzern entweder übernommen oder durch die Erhebung von Schutzgeldern abgeschöpft. Als besonders einträglich stellte sich zudem der internationale Schmuggel und Handel mit Diamanten und Gold heraus, die zu großen Teilen aus dem Nachbarland Sierra Leone bezogen wurden (Korte 1997: 66; Reno 1997: 18).[70] Durch informelle und kriminelle Handelsnetze wurde der Bürgerkriegsökonomie ein Zugang zum Weltmarkt geschaffen, weswegen vor allem die Häfen Monrovias und Buchanans stark umkämpfte Kriegsschauplätze waren (Wenzel 2003: 1243).

Allen Bürgerkriegsparteien ist es gemeinsam, dass die ihnen zugehörigen Kämpfer wenig diszipliniert sind, und in einer Vielzahl unabhängig voneinander operierender Befehlseinheiten unterschiedlicher Größe auftreten (Korte 1996: 68f). Keiner der Warlords und Milizenführer kann aus diesem Grund für die Disziplin der Soldaten garantieren, so dass die Gefahr eines Auseinanderbrechens der Einheiten und somit

---

[70] Für einen Überblick über die Verbindung von Diamantenschmuggel und der Finanzierung von Bürgerkriegen siehe Ian Smillie (Smillie 2002).

eine Ausbreitung der Gewaltmärkte sehr groß ist (ICG 2003a: i). Dieser Umstand wird dadurch erschwert, dass die Kämpfer, die nicht regelmäßig Sold und Lebensmittel erhalten, die Bevölkerung und die internationalen Hilfslieferungen erpressen und berauben. Dabei werden vor allem in den schwer zu kontrollierenden Regenwaldgebieten Staatsgrenzen weitestgehend ignoriert und staatliche Legitimitätsdefizite in Nachbarländer exportiert (ICG 2003b: i).

6.1.4. Wegfall externer Unterstützung

Zwischen Liberia und den USA bestand aufgrund gemeinsamer historischer Bezugspunkte zu Zeiten der Ost-West-Konfrontation eine enge Verbindung. Liberia erhielt deutlich mehr finanzielle Entwicklungs- und Militarhilfe als die anderen westafrikanischen Staaten – allein in dem Zeitraum von 1980-1986 erhielt Monrovia 500 Millionen US-Dollar aus den USA. Im Gegenzug stimmte Liberia der Stationierung von Satellitenortungsstationen, einem U-Bootkommunikationszentrum und dem Hauptquartier der CIA in Westafrika zu (Reno 2000a: 236). Diese permanenten Transferleistungen ermöglichten den repressiven Regimen von Tolbert und Doe ihre Machtposition ohne Rücksicht auf Menschenrechte zu stärken und auszubauen. Nach der bekannt gewordenen Manipulation der Wahlen im Jahr 1985 und den darauf folgenden ethnischen motivierten Ermordungen von etwa 3000 Menschen durch die Regierung schränkten die USA ihre finanzielle Unterstützung deutlich ein; Die Hilfen wurden radikal auf 10 Millionen US-Dollar im Jahr 1986 gekürzt (de Montclos 1999: 222). Zum gleichen Zeitpunkt verhängten der IWF, die Weltbank und die Afrikanische Entwicklungsbank aufgrund der wiederholt schlechten Zahlungsmoral eine Kreditsperre über Liberia, wodurch die Regierung ihre letzten internationalen Stützen verlor (Schlichte 1995: 3). Infolge dieses Wegfalls externer Unterstützung hatte das Doe-Regime erhebliche Schwierigkeiten, seinen Machtapparat weiter aufrecht zu erhalten. Neben beträchtlichen Einschränkungen in der Ausführung der staatlichen Aufgaben bot sich für die Gegner der Regierung dadurch die Möglichkeit militärisch gegen das Regime vorgehen zu können, wodurch der Staatszerfallsprozess zusätzlich voran getrieben wurde (van den Boom 1996: 109).

6.1.5. Veränderungen der globalen wirtschaftlichen Rahmenbedingungen

Das Wirtschaftswachstum Liberias basierte seit den 1950er Jahren vor allem auf dem Export von unverarbeiteten Rohstoffen wie Kautschuk und Tropenhölzern. Neben der Ausfuhr von landwirtschaftlichen Produkten wie Kaffee, Kakao oder Ananas wurde in den 1960er Jahren vor allem Eisenerz zum dominierenden Wirtschaftsfaktor. Die Wirtschaftspolitik war allerdings durch die Gewährung großzügiger Rahmenbedingungen für die wirtschaftliche Erschließung des Landes durch ausländische Akteure geprägt. Als Folge dieser Politik gehörte der Großteil der Export orientierten Firmen transnationalen Konzernen an, wodurch die in Liberia erzielten Gewinne und Einkünfte hauptsächlich ins Ausland flossen. Aus diesem Grund verlor die Regierung in Monrovia die Möglichkeit der Finanzstromlenkung, so dass das Land von den eigenen Ressourcen nur in geringem Umfang profitieren konnte. Durch die hohe Abhängigkeit der Wirtschaft vom Weltmarkt wurde Liberia von der weltweiten Rezession in der Mitte der 1970er Jahre besonders hart getroffen; Die globalen Preisveränderungen für Rohstoffe wie Kautschuk und Eisenerz führten zu einem Arbeitsplatzverlust für Tausende Arbeiter in Liberia (Schlichte 1995: 3). Der Ausfuhranteil von Kautschuk, dem das Land seinen Reichtum verdankte, sank auf nur noch 18% im Jahr 1985. Der Eisenerzabbau fiel von 10 Millionen Tonnen im Jahr 1981 auf nur noch 2 Millionen Tonnen im Jahr 1989 (de Montclos 1999: 223). Ende der 1980er Jahre befand sich die formelle Wirtschaft Liberias mit negativen Zuwachsraten, einer absoluten Abnahme der Bruttoinlandprodukts (1980: 800 Millionen US-Dollar; 1988 weniger als 700 Millionen US-Dollar) und einer allgemeinen Verarmung der Bevölkerung in einer substantiellen Krise (de Montclos 1999: 222). Nicht nur die reguläre Produktion brach zusammen, auch die Finanzmärkte versiegten. Mit einer Verschuldung von insgesamt drei Milliarden Dollar bei den internationalen Finanzierungsinstitutionen und bei einem Konsortium von 15 Privatbanken stand die Regierung in Monrovia Mitte der 1990er Jahre praktisch vor dem Bankrott. Vor diesem Hintergrund ist Liberia ein deutliches Beispiel für ein weltmarktabhängiges Rohstoffland, das durch globale wirtschaftliche Entwicklungen und begleitet von typischen Verschuldungsproblemen deutlich an Stabilität verloren hat.

6.1.6. Bilanz: Ursachen des Staatszerfalls in Liberia

Der Staatszerfallsprozess in Liberia ist in wesentlichen Teilen von dem Auftreten delegitimer Formen staatlicher Herrschaft und einer massiven Dominanz privater Gewalt ausgelöst worden. Dabei stehen Neopatrimonialismus, Korruption, Rent-Seeking und Klientelismus als gängige Herrschaftsformen in enger Beziehung mit dem Aufkommen privater Gewalt, die sich in Form von Rebellengruppen gegen die herrschende Klasse richtet. Der Staatszerfallsprozess wurde zudem durch Veränderungen der globalen Terms of Trade beschleunigt. Das Vorhandensein paralleler Herrschaftsstrukturen und der Wegfall externer Unterstützung sind hingegen für das Entstehen und den Verlauf des Staatszerfallsprozesses in Liberia nur von geringer Bedeutung.

6.2. Tadschikistan

Tadschikistan erlangte seine Unabhängigkeit im Rahmen der Auflösung der Sowjetunion im September 1991. Von Beginn der Staatsgründung an lassen sich in dem Kaukasusland Tendenzen für Staatszerfall feststellen. Die Ursachen dafür sind einerseits auf den historischen Entwicklungsprozess des Staates zurückzuführen. Andererseits finden sich weitere Einflussfaktoren, die im Zuge des Unabhängigkeitsprozesses zur Geltung kamen.

1929 erhielt Tadschikistan den Status einer Unionsrepublik innerhalb der Sowjetunion. Die Gründung dieser politischen Einheit erfolgte ausschließlich auf Plänen der Moskauer Zentralregierung; Innerhalb des Gebietes gab es vielfältige kulturelle, historische und sprachliche Rivalitäten, die das Entstehen eines eigenständigen Staates bis dahin unmöglich machten. Auch in der neu gegründeten Republik konnten diese Differenzen nicht aufgehoben werden, da die für die kulturelle Identität der Tadschiken wichtigsten Siedlungsgebiete Usbekistan zugerechnet wurden (Bischof 1996). Zusätzlich war Tadschikistan übermäßig stark von der Umsiedlungspolitik Stalins betroffen, so dass von den 5,2 Millionen Einwohnern im Jahr 1991 nur 3,2 Millionen Tadschiken waren. Diese Gegensätze wurden in der Zeit der Sowjetunion weitgehend ausgeblendet. Im Rahmen der Perestroika-Politik durch den sowjetischen Staats- und Parteichef Michail Gorbatschow wurde die kommunistische Einparteienherrschaft zum einen durch die regionalen Rivalitäten geschwächt und zum anderen durch das Erstarken religiöser, islamischer Bezugspunkte zurückgedrängt. Der Rückzug des sowjetischen Machtapparates führte zu einer großen politischen und wirtschaftlichen Unsicherheit, in dessen Folge es zu Auseinandersetzungen zwischen den Kommunisten, die ihre politische Macht auch nach der Unabhängigkeit des Landes durch Repressionen und Wahlfälschung aufrechterhalten konnten, und einem Zusammenschluss oppositioneller Parteien kam. Die Machtkämpfe eskalierten zu einem Bürgerkrieg (1992-1997), dem mindestens 60.000 Menschen zum Opfer fielen. Auch nach dem Inkrafttreten eines Friedensabkommens im Jahr 1997 behielt Tadschikistan den Status eines zerfallenen Staates, da sich die regionalen Differenzen weiter verfestigten. Dieses resultierte erstens in einer starken Einschränkung des staatlichen Gewaltmonopols, zweitens in Funktionsverlusten des Staates und drittens in einem deutlichen Legitimitätsdefizit der Regierung. Der exorbitante Drogen- und Waffenschmuggel, die Kriege in Usbekistan und Afghanistan sowie die geringe Reichweite der Kontrolle der Zentralregierung in der Hauptstadt Duschanbe haben bis heute eine Stabilisierung des Landes verhindert.

6.2.1. Delegitime Form staatlicher Herrschaft

Die Kernursachen des Staatszerfallsprozesses in Tadschikistan bestehen in den Exklusivitäten und Regionalismen sowie in der Verteilung der staatlichen Macht. Aus historischer Perspektive ist Tadschikistan kein einheitliches Gebilde, sondern ein durch Grenzziehungen Stalins entstandener Staat. Innerhalb der Grenzen des seit 1868 als russisches Protektorat verwalteten Gebietes gab es eine traditionelle Rivalität zwischen dem Süden und Südwesten um die Stadt Kuljab und dem Norden um die Stadt Chodschent. Antagonismen zwischen den dort angesiedelten Klans hatten auch während der Sowjetzeit Bestand, konnten jedoch durch jahrzehntelange Ausbalancierung der Macht durch Moskau kontrolliert werden: Der Norden stellte regelmäßig den Parteichef, der Süden den Regierungschef (Bischof 1996). Der Rest der Bevölkerung wurde als islamischer Feind des Kommunismus betrachtet und von der politischen Partizipation größtenteils ausgeschlossen (Beeman 1999: 2f; Marsall 1995: 16ff). Nach der Unabhängigkeit änderte sich nichts an dieser Machtverteilung. Während oppositionelle Parteien wie die Islamische Partei, die Demokratische Partei und die Volksfront weiterhin von der politischen Macht ferngehalten wurden, übernahmen die kommunistischen Kuljabis nach 1993 die dominante politische Führung von den Chodschentern, die allerdings weiter in der Zentralregierung vertreten waren. Diese Dominanz spezieller Bevölkerungsgruppen äußert sich vor allem in der Vergabe wichtiger politischer Ämter und infrastruktureller Entwicklungsprogramme, wodurch diese beiden Regionen im Verhältnis zu den Oppositionshochburgen wie Garm oder Dzhirgatal eindeutig bevorteilt wurden. Diese regionalen Differenzen wurden zusätzlich durch eine extrem säkulare Verfassung verfestigt, die die politischen Barrieren für die islamische Opposition erhöht und die Macht des Präsidenten vermehrt hat. Wahlmanipulationen verschärften diese regionalen Trennlinien weiter; Oppositionspolitiker wurden dabei durch Mord, Inhaftierungen und Vertreibungen von Kandidaturen abgehalten, Oppositionsanhängern die Stimmabgabe verweigert, während gleichzeitig die Wahlergebnisse von der Regierung für den Zweck des Machterhalts gefälscht wurden. Angesichts dieser Zustände verzichteten verschiedene internationale Organisationen auf eine Wahlbeobachtung (Dadmehr 2003: 251). Der Ausschluss weiter Bevölkerungsteile und die Durchführung manipulierter, nichtdemokratischer Wahlen führte zu einem rasanten Legitimationsverlust der Zentralregierung in Duschanbe, der zum einen in bewaffneten Widerstand und zum anderen in der Zuwendung zu alternativen Herrschaftsformen resultierte.

Der Staatszerfallsprozess in Tadschikistan ist des weiteren in hohem Maße auf das Fehlverhalten der herrschenden politischen Klasse zurückzuführen. Diese Einschätzung wird besonders deutlich durch die weit verbreitete Korruption in den politischen und juristischen Systemen des Landes. Öffentliche Ämter werden zumeist nicht nach Eignung, sondern nach Höchstgebot vergeben. Vor allem die Posten in den Zoll- und Finanzämtern sind sehr begehrt, je nach Region variieren die Preise für derartige Ämter zwischen 150.000 und 200.000 US-Dollar (ICG 2001: 14). Die Kosten dafür werden in der Regel durch Bestechungsgelder wieder ausgeglichen. Dabei ist zu beobachten, dass sich ein Bestechungssystem von der niedrigsten bis zur höchsten Ebene der politischen Administration gebildet hat. Korruption und Bestechung werden von der Regierung dabei weitestgehend toleriert. Während die Gesetze strenge Strafen für diese Vergehen vorsehen, bleiben Betroffene größtenteils unverurteilt. Dies lässt sich zum einen darauf zurückführen, dass die Abgeordneten zum Großteil selber von Bestechungsgeldern profitieren und aus diesem Grund nicht an einer Durchsetzung der bestehenden Gesetzte interessiert sind. Zum anderen hat die Korruption auch bereits die Gerichte des Landes erreicht.[71] Weitere Bereiche, die von Korruption durchdrungen sind, sind die Kontrolle des Import- und Exporthandels – im Speziellen von Baumwolle, Aluminium und Gold – sowie offizielle Genehmigungsverfahren jeglicher Art. Durch diesen großen Umfang der Korruptionspraktiken hat die Regierung in der Bevölkerung deutlich an Legitimität verloren.

6.2.2. Parallele Herrschaftsstrukturen

Tadschikistan umfasst ein Territorium von 143.000 km², von dem 93% in den Bergen liegen. Mehr als die Hälfte des Staates befindet sich in über 3.000 Meter Höhe und ist daher unbewohnbar. Das Land ist in vier Provinzen unterteilt: Sogod mit der Provinzhauptstadt Chodschent im Norden, Chatlon mit der Provinzhauptstadt Kuljab im Südwesten, Zentral Tadschikistan mit der Hauptstadt Duschanbe und die autonome Republik Berg-Badachschan im Osten. Zwischen den einzelnen Provinzen bestehen aus topographischen Gründen nur wenige Kontakte: Sie befinden sich in unterschiedlichen Tälern, die durch teilweise

---

[71] Während der letzten Beglaubigungen im Jahr 2001 wurden die Lizenzen von 90% aller Anwälte in Tadschikistan nicht erneuert. Sie wurden erst nach der Bezahlung von Bestechungsgeldern genehmigt, selbst wenn die erforderlichen Qualifikationen nicht gegeben waren (ICG 2001: 14).

über 7.000 Meter hohe Bergketten voneinander getrennt und nur durch wenige Passstrassen miteinander verbunden sind. Aus diesem Grund haben sich starke regionale Gemeinschaften herausbilden können, die sich über Klans und regionale Zugehörigkeiten identifizieren.[72] Diese Gemeinschaften jenseits ideologischer Orientierungen stellen den Identität stiftenden Faktor tadschikischer Politik dar. Ein Großteil der betroffenen Bevölkerungsgruppen unterstützt lokale und regionale Autoritäten, da diese parallelen Herrschaftsstrukturen Sicherheitsleistungen in größerem Umfang garantieren können als die weit entfernte Zentralregierung. Auf diese Weise konnten sich in den einzelnen Teilregionen auch parallele Rechtssysteme herausbilden, die neben traditionellen Einflüssen in zunehmendem Maße auf der Sharia basieren. Dieser weit verbreitete Regionalismus behindert nicht nur die Entstehung bzw. Vermittlung einer einheitlichen tadschikischen Identität, sondern unterminiert zugleich die Souveränität und Legitimität der Zentralregierung in Duschanbe (Dadmehr 2003: 248).

Weite Teile Tadschikistan entziehen sich somit durch parallele Herrschaftsstrukturen auf lokaler und regionaler Ebene dem Einfluss der Regierung in der Hauptstadt. Vor allem die Regionen Garm und das Dzhirgatal befinden sich nicht mehr unter staatlicher Kontrolle. Daneben bleiben insbesondere der Norden und Osten des Landes unerreichbar für die Autorität der Zentralregierung: Sie sind für neun Monate des Jahres auf dem Landweg vom Rest des Staates abgeschnitten, da die Verbindungsstraßen auf dem Bergpässen nur in den Sommermonaten passierbar sind (Marsall 1995: 19). Diese geographischen Grenzen unterstützen die Ausbildung und Legitimität vieler paralleler Herrschaftsstrukturen.

Unterschiedliche internationale Organisation und Nichtregierungsorganisationen – darunter beispielsweise UNDP oder Ärzte ohne Grenzen – befinden sich seit einigen Jahren in Tadschikistan. Neben ihren ursprünglichen Projekten übernehmen sie in zunehmendem Umfang auch

---

[72] „In der Gegenwart und in absehbarer Zukunft ist Ethnizität (Zugehörigkeit zu Clans, Stämmen und Klienteln) die vorrangige politische Kraft, die zur Bildung von Gruppensolidarität führt und somit auch die Quelle politischer Konflikte ist" (Tibi 1993).

Funktionen des Staates. Teile der Bevölkerung befinden sich dadurch mittlerweile in ökonomischer und sozialer Abhängigkeit von diesen Organisationen, so dass deren Anwesenheit für das Überleben regionaler Bevölkerungsgruppen und die Stabilität des Landes von vitaler Bedeutung ist (Dadmehr 2003: 256). Diese Abhängigkeit von internationaler Hilfe und der Verlust von Staatsfunktionen verdeutlichen die eingeschränkte Autorität und Legitimität der tadschikischen Zentralregierung.

6.2.3. Dominanz privater Gewalt

Tadschikistan ist durch den ausgeprägten Regionalismus und der damit verbundenen Einschränkung des zentralstaatlichen Gewaltmonopols traditionell durch das Vorhandensein privater Gewaltverregelung gekennzeichnet. Die im Zusammenhang mit der Unabhängigkeit aufgekommenen Unruhen führten zusätzlich zu einer rasanten Ausbreitung der Dominanz privater Gewalt. Während der Massendemonstrationen von Oppositionsanhängern im April 1992 ließ Präsident Rahmon Nabijew Teile seiner kommunistischen Anhängerschaft bewaffnen und ernannte sie zu seiner Nationalgarde. Die bis dahin friedlichen Kundgebungen gingen daraufhin in Gewalttätigkeiten über, woraufhin sich auch die Opposition bewaffnete. Im Verlauf des daraus entstandenen Bürgerkrieges wurden die überwiegend islamischen bewaffneten Oppositionseinheiten von Regierungstruppen in das Pamirgebirge und in die Grenzregionen Afghanistans verdrängt. Im Mai 1993 begannen islamische Freischärler von Afghanistan ausgehend mit militärischen Aktionen, in deren Folge sie bis 1996 fast die Hälfte des Staates unter ihre Kontrolle brachten (Bischof 1996). Darüber hinaus strömten etwa 5.000 afghanische Partisanen zur Unterstützung der islamischen Einheiten nach Tadschikistan ein. Zeitgleich bildeten sich regionale regierungstreue Milizen, die sich mit Duldung regionaler Machthaber aus GUS-Waffenlagern bewaffnen konnten, und mittels ethnischer Säuberungen für die Vertreibung islamischer Bevölkerungsgruppen sorgten.[73]

---

[73] Zwischen 1992 und 1993 waren dadurch in Tadschikistan ca. 600.000 Menschen, etwa 10 Prozent der Gesamtbevölkerung, auf der Flucht (Deng 1995).

Die zunächst unter politischen Motiven geführten Kampfhandlungen änderten sich allerdings schnell, als die bewaffneten Einheiten um lokale Warlords auf Regierungs- und Oppositionsseite begannen, nicht mehr um politische Macht, sondern um die regionale Kontrolle ökonomischer Ressourcen zu kämpfen. Daneben lösten sich viele Milizen aus der Armee und der Nationalgarde, um gleichsam von den entstehenden Gewaltmärkten zu profitieren.[74] Neben den traditionellen und regionalen Autoritäten entwickelten sich die Warlords zu einem weiteren destabilisierenden Element, indem auch sie das Gewaltmonopol der Zentralregierung weiter zurückdrängten. Neben der Besteuerung der Bevölkerung sowie der Kontrolle und Bezollung der wenigen Bergpässe bestehen ihre Haupteinnahmequellen in der Ausbeutung lokaler Ressourcen (vor allem Baumwolle und Aluminium) und dem Anbau und Handel von bzw. mit Drogen. Darüber hinaus kontrollieren sie die bedeutenden Routen des Drogen- und Waffenschmuggels in und aus Afghanistan, die durch Tadschikistan verlaufen (ICG 2001: 19).[75] Die leichte Verfügbarkeit von Kleinwaffen führt darüber hinaus zu einer weiteren Einschränkung des staatlichen Gewaltmonopols. Tadschikistan verzeichnet hierbei einen stark ansteigenden Gewaltmarkt in dem Mord, Entführung und Erpressung zu einer der Haupteinnahmequellen privater Gewaltakteure geworden sind, und die Schwäche des staatlichen Gewaltmonopols deutlich aufzeigen.

6.2.4. Wegfall externer Unterstützung

Zu Sowjetzeiten galt Tadschikistan als das Armenhaus der Union. Das Land weist einen sehr geringen Industrialisierungsgrad auf und produziert als Hauptprodukte Baumwolle und Aluminium, wenngleich nur

---

[74] Durch das Friedensabkommen im Juni 1997 sollten die bewaffneten Einheiten beider Seiten ursprünglich in die Armee eingegliedert werden. Dieser Prozess scheiterte allerdings aufgrund finanzieller Engpässe, so dass nur wenige Freischärler integriert werden konnten.

[75] Tadschikistan ist gegenwärtig wirtschaftlich stark abhängig von der Drogenökonomie: Etwa 50 Prozent der Gesamtwirtschaftsleistung basiert auf dem Anbau und Schmuggel von Drogen (ICG 2001: 19f).

6% des Bodens landwirtschaftlich genutzt werden können. Die Geburtenrate (3,5%) ist genau wie die Arbeitslosigkeit (30%) und die Armutsquote (80%) sehr hoch (ICG 2001: 20f). Tadschikistan ist zudem seit langem auf Lebensmittelimporte angewiesen. Während des Bestehens der Sowjetunion bestand eine hohe ökonomische Abhängigkeit von Subventionen aus Moskau. Mit dem Beginn der Unabhängigkeit brach der stabilisierende Einfluss der Moskauer Wirtschaftshilfen nahezu vollständig zusammen. Tadschikistan verlor dabei neben den Finanzhilfen auch etwa 40% seiner Staatseinnahmen durch den Verlust von Exporten in die ehemaligen Sowjetrepubliken. Darüber hinaus verließ ein Großteil der angesiedelten und gut ausgebildeten Russen das Land, was so die industrielle Produktivität des Landes deutlich einschränkte. Der ökonomischer Kollaps – Inflationsraten von 7400% 1992 bzw. 2000% 1995, ein Pro-Kopf-Einkommen von 1.140 US-Dollar sowie ein Einbruch des Bruttosozialproduktes um 40-45% seit 1991 (Dadmehr 2003: 258) – führte zu einem Einbruch der finanziellen Integrität der tadschikischen Regierung und verschärfte mit dem einhergehenden Loyalitätsverlust die politische Krise.

6.2.5. Veränderungen der globalen wirtschaftlichen Rahmenbedingungen

Zu Zeiten der Sowjetunion war Tadschikistans Ökonomie in die planwirtschaftlichen Entscheidungen Moskaus eingebunden. Mit der Auflösung der Sowjetunion und der Unabhängigkeit verlor das Land diese enge wirtschaftliche Bindung, wodurch die gegenwärtigen ökonomischen Schwächen hervorgerufen wurden. Aus diesem Grund lässt sich kein Zusammenhang mit Veränderungen in den globalen Terms of Trade und dem Staatszerfallsprozess in Tadschikistan feststellen.

6.2.6. Bilanz: Ursachen des Staatszerfalls in Tadschikistan

Am Beispiel des Staatszerfallsprozesses in Tadschikistan treten insbesondere die Einflüsse delegitimer Formen staatlicher Herrschaft und das Vorhandensein paralleler Herrschaftsstrukturen deutlich zu Tage. Während erstere durch die Weiterführung sowjetischer Politikmuster hervorgerufen werden, sind letztere in Form ausgeprägter Regionalismen und traditioneller Gesellschaftsstrukturen vorhanden. Zusätzlich kommt dem Wegfall externer Unterstützung aufgrund der engen ökonomischen Bindung an die ehemalige Sowjetunion wesentliche Bedeutung zu, wohingegen die Dominanz privater Gewalt nur wenig Einfluss auf den Zerfallsprozess ausgeübt hat. Veränderungen der globalen wirtschaftlichen Rahmenbedingungen haben indessen keine Auswirkungen auf den Staatszerfall.

6.3. Kolumbien

Der gegenwärtige Staatszerfallsprozess in Kolumbien ist das Resultat langjähriger innerstaatlicher Konflikte, deren Verfestigung zu einer massiven Krise des Staates in den 1990er Jahren geführt hat. Die Ermordung eines populären Politikers löste 1948 einen Volksaufstand aus, der in einem gewaltsamen Bürgerkrieg mündete, welcher bis 1953 andauerte und zwischen 150.000 und 200.000 Todesopfer forderte sowie 2 Millionen Flüchtlinge hervorrief (Krumwiede 2000: 182).[76] Nach einer kurzen Übergangszeit unter Führung einer Militärjunta zwischen 1953 und 1958 einigten sich die beiden größten Parteien, die Liberalen und die Konservativen, auf die Bildung einer gemeinsamen Verteilung der politischen Ämter (Nationale Front), um auf diese Weise die bestehenden Instabilitäten im Land zu beseitigen. Wenngleich sich infolgedessen eine Stabilisierung einstellte, bildeten sich Mitte der 1960er Jahre aus bäuerlichen Selbstverteidigungsgruppen mehrere Rebellengruppen mit einem links-ideologischen Hintergrund, von denen sich vor allem die Revolutionären Streitkräfte Kolumbiens (Fuerzas Armadas Revolucionarias de Colombia − FARC) und die Nationale Befreiungsarmee (Ejército de Liberación Nacional − ELN) bis heute etablieren konnten. Nach jahrzehntelangen militärischen Gefechten mit der kolumbianischen Armee kontrollieren die Guerillagruppen mittlerweile große Teile des Staatsterritoriums. Seit Mitte der 1980er Jahre hat sich die Komplexität

---

[76] Wegen der hohen Opferzahlen und der außerordentlichen Brutalität des Bürgerkrieges wird diese Phase der kolumbianischen Geschichte nur noch als *„la violencia"* (die Gewalt) bezeichnet.

des Konfliktszenarios durch das Aufkommen unterschiedlicher Faktoren deutlich erhöht. Erstens führte der wachsende Einfluss der sich ausweitenden Drogenökonomie auf Politik, Wirtschaft und Gesellschaft zu der Bildung von organisierter Kriminalität und zu einer Brutalisierung und Verbreitung privater Gewalt. Polizei und Militär sind dabei nicht mehr in der Lage, die öffentliche Ordnung und die Sicherheit der Staatsbürger zu gewährleisten. Zweitens eskalierten die Kampfhandlungen durch die Entstehung und Ausbreitung paramilitärischer Einheiten, die vor allem in der Dachorganisation der Vereinigten Selbstverteidigungsgruppen Kolumbiens AUC (Autodefensas Unidas de Colombia) zusammengeschlossen, und hauptsächlich auf die Zerschlagung der Rebellengruppen ausgerichtet sind.

Der aktuelle Staatszerfallsprozess in Kolumbien ist vor allem durch die jahrzehntelangen Kämpfe zwischen Rebellengruppen, Paramilitärs und der kolumbianischen Armee gekennzeichnet, in deren Folge das Gewaltmonopol des Staates insbesondere in den 1990er Jahren erheblich eingeschränkt worden ist. Mittlerweile fordert der Krieg jährlich mehr als 5.000 Menschenleben und verursacht ökonomische Kosten, die auf mehr als ein Drittel des Bruttoinlandprodukts beziffert werden (Maaß 2003: 52). Der Verlust der territorialen Kontrolle begünstigte die Ausbreitung einer umfangreichen informellen Drogenökonomie, die das Fortbestehen der Kampfhandlung und somit das Fortschreiten des Staatszerfallsprozesses maßgeblich fördert.

6.3.1. Delegitime Formen staatlicher Herrschaft

Zur Beseitigung der durch die *Violencia* und der darauf folgenden Militärdiktatur entstandenen Instabilitäten schufen die größten Parteien Kolumbiens 1958 durch ein Abkommen die *Nationale Front*. Diese Vereinbarung sah die Bildung einer großen Koalition vor, die zum einen die alternierende Aufstellung der Präsidentschaftskandidaten und zum anderen die paritätische Ämterverteilung in Regierung, Verwaltung und Justiz auf nationaler, regionaler und kommunaler Ebene vorsah. Wenngleich die Nationale Front tatsächlich eine Verbesserung der politischen Stabilität herbeiführen konnte, wurden gleichzeitig große Teile der kolumbianischen Bevölkerung von der politischen Partizipation ausgeschlossen.[77] Die ausschließende Kooperation zwischen den beiden Parteien war ursprünglich bis 1974 befristet, wurde allerdings erst zum Ende der 1980er Jahre außer Kraft gesetzt. Dennoch wirken die informalen und hegemonialen Institutionen dieser Verbindung bis heute nach und haben so wesentlich zum Verfall der Glaubwürdigkeit und der Delegitimation der politischen Klassen und Institutionen beigetragen (Maaß 2003: 39). Der konstitutionelle Ausschluss anderer Parteien und die damit verbundenen Einschränkungen der horizontalen Legitimität wurden zudem durch staatliche Eingriffe verstärkt. Vor allem Aktivisten linksgerichteter Gruppierungen wurden dabei Opfer staatlicher Repressionen.[78] Alleine seit den 1980er Jahren wurden Tausende von Fällen registriert, in denen Staatsorgane an der Ermordung von Gewerkschaftsführern, Menschenrechtsaktivisten oder Anführern sozialer Bewegungen beteiligt gewesen sind (Heinz 1997: 199f).

Ein weiterer Faktor der Delegitimierung stellt die enge Verbindung zwischen den AUC und der kolumbianischen Regierung dar. Die Paramilitärs arbeiten in großen Teilen des Landes mit der Armee zusammen und werden wegen dieser Verbindung auch als „6. Division" bezeichnet (Mariner/Smart 2001).[79] Das massive und gewaltsame Vorgehen der AUC gegen die Guerillaeinheiten, bei dem bereits ganze Dorfgemeinschaften wegen der Anschuldigung der Kollaboration ermordet wurden, wird von der Regierung dabei größtenteils ignoriert; Der aktuelle Präsident Uribe verlangt gegenwärtig eine generelle Straffreiheit für die Mitglieder der AUC.

Die Delegitimation der politischen Klasse wird außerdem durch die

---

[77] Andere Parteien hatten bei den regelmäßig stattfindenden Wahlen zwar das Recht zur Kandidatur, allerdings ausschließlich auf den Listen der Konservativen oder Liberalen (Daun 2003: 98).

[78] 1985 bildete sich die linksgerichtete Partei Patriotische Union (Unión Patriótica), die durch die Ermordung von mehr als 4.000 Mitglieder, darunter Präsidentschaftskandidaten, Senatoren und Parlamentsabgeordnete, bis zum Jahr 2000 in die politische Bedeutungslosigkeit befördert wurde (Rütsche 2001: 62).

[79] Die kolumbianischen Streitkräfte bestehen aus fünf Divisionen; Die Bezeichnung als 6. Division verdeutlicht die enge Verbindung der AUC zur Armee und zur Regierung.

zunehmende Korruption von Politikern und Staatsbediensteten verschärft. Während der 1990er Jahre haben beispielsweise etwa 60% der Kongressabgeordneten Bestechungsgelder angenommen, die vor allem von der Drogenmafia zur Verhinderung von Auslieferungen ihrer Mitglieder gezahlt worden sind (Mason 2001: 14). Den Höhepunkt der Korruptionsaffären stellte der *Caso 8.000* (Fall der 8.000) dar, bei dem Mitte der 1990er Jahren ein Prozess gegen die gesamte Regierung von Ernesto Semper und eine Vielzahl von Kongressabgeordneten geführt wurde. Sie wurden beschuldigt, in erheblichem Umfang Drogengelder entgegengenommen zu haben. Die Verhandlungen endeten trotz deutlicher Beweise mit einem Freispruch der Mehrzahl der Angeklagten (darunter auch Präsident Samper), wodurch in der Öffentlichkeit das Misstrauen gegen die politische Klasse weiter zunahm (Daun 2003: 107).[80]

Darüber hinaus führt die Aufrechterhaltung des Ausnahmezustands als dauerhaftes Instrument der Regierung zu einer zunehmenden Delegitimation der politischen Klasse. Die Verfassung sieht im Falle eines äußeren Krieges oder einer gravierenden Störung der öffentlichen Ordnung die Möglichkeit zur Verhängung des Ausnahmezustands als inneren Notstand vor. Dadurch weiten sich nicht nur die Befugnisse des Präsidenten aus, sondern werden zugleich die Bürgerrechte der Bevölkerung eingeschränkt. Nach der Verfassung von 1886, die bis 1991 Gültigkeit hatte, besaß der Präsident das Recht, ohne Kontrolle oder zeitliche Einschränkung den Ausnahmezustand auszurufen und damit nach Belieben Gesetze und Grundrechte außer Kraft zu setzen; Durch die Verfassungsänderung von 1991 ist die Verhängung heute allerdings von der Zustimmung des Senats abhängig. Zwischen 1958 und 1991 herrschte zu drei Vierteln der Zeit der Ausnahmezustand, und auch der 2002 gewählte Präsident Alvaro Uribe regiert seit seiner Amtsübernahme im Ausnahmezustand (Maaß 2003: 43).

---

[80] Neben der Einflussnahme auf Politiker ist speziell das Justizsystem von der Korruption betroffen. Es zeigt sich allerdings, dass Polizisten und vor allem Richter häufig durch Todesdrohungen zur Annahme von Bestechungsgeldern gezwungen werden (McLean 2002: 127). Einschüchterungs- und Bestechungsversuche finden insbesondere im Umfeld von Verhandlungen statt, in denen sich Regierungsbeamte, Angehörige der Drogenmafia oder paramilitärischer Gruppen unter Anklage befinden (Maaß 2003: 44).

Die geringe vertikale Legitimität der politischen Klasse spiegelt sich in der äußerst niedrigen Wahlbeteiligung wider. In den Städten lag sie bei den letzten Präsidentschaftswahlen bei ca. 40%. Ende der 1970er bis Mitte der 1980er Jahre wurden jedoch auch Wahlbeteiligungen von unter 20% gemessen (Maaß 2003: 40).

6.3.2. Parallele Herrschaftsstrukturen

Die kolumbianische Gesellschaft ist durch eine hohe innere Kohäsion gekennzeichnet, die auch durch ethnische oder regionale Unterschiede nicht beeinträchtigt wird (McLean 2002: 125). Dementsprechend finden sich in Kolumbien auch wenige Cleavages, die eine gesellschaftliche Fragmentierung hervorrufen könnten. Es zeigt sich allerdings, dass sich durch die Ausweitung des Einflussgebietes der Rebellengruppen und paramilitärischer Einheiten ein Autoritätstransfer von der Ebene des Staates zu diesen substaatlichen Akteuren vollzieht. Diese treten somit nicht nur als militärische Widersacher des Staates auf, sondern manifestieren sich darüber hinaus auch als soziale und politische Protagonisten. In den von ihnen kontrollierten Regionen üben sie oftmals gleichzeitig die politische, ökonomische und soziale Kontrolle aus.

Der Transfer von politischer Autorität wird von einem Transfer an Ressourcen begleitet. In den Einflussgebieten von FARC, ELN und auch der AUC ziehen diese Steuern, Abgaben und Schutzgelder ein, die dem Zentralstaat als potentielles Einkommen verloren gehen. Durch die Übernahme von Sicherheits- und Rechtssprechungsfunktionen werden sie vor allem von ärmeren Bevölkerungsgruppen als lokale Autoritäten angesehen und akzeptiert. Paramilitärs und Rebellen haben dabei ähnliche Strategien zur Kontrolle der Bevölkerung und Mobilisierung von Ressourcen entwickelt: Sie stellen in ihren Einflusszonen eigene Gesetze auf und halten bei Verstößen öffentlich Gericht. Zu Beginn der 1990er Jahre konnte vor allem die FARC an Legitimität in der Bevölkerung gewinnen, da sie einerseits die Bevölkerung vor Ermordungen und Vertreibungen durch die Paramilitärs schützten, und andererseits für gerechte Löhne der Kokabauern sorgten. Darüber hinaus unterstützten sie den Bau von Straßen, Schulen und Krankenhäusern (Krennrich 2000: 26ff). Durch die Veröffentlichung dreier landesweit geltender „Gesetze" (leyes 001-003) im Frühjahr 2000 wird deutlich, dass sich die Rebellen durchaus als Regierungsersatz verstehen.[81]

Vor allem in den entmilitarisierten Zonen, die den Rebellengruppen zeitweise von den kolumbianischen Regierungen zur Verfügung gestellt wurden, ließ sich ein temporärer Rückzug der administrativen und legalen Organe des Staates beobachten, so dass die FARC in den *Farclandia* über eine de facto Autorität verfügte (Mason 2001: 16).[82] Darüber hinaus übernehmen die FARC und die ELN in zunehmendem Maße auch kommunale Ämter innerhalb des politischen Systems: Gegenwärtig werden etwa 57% der kolumbianischen Bürgermeisterämter von Mitgliedern der beiden Rebellengruppen bekleidet; Diese Positionen wurden allerdings fast immer durch Einschüchterung der bisherigen Amtsinhaber und durch massive Gewaltanwendungen eingenommen (Kline 2003: 173). Nichtsdestotrotz führt diese Entwicklung wie die zuvor genannten Faktoren zu einer Verstetigung der Ausbildung paralleler Herrschaftsstrukturen.

Die in Kolumbien anzutreffenden parallelen Herrschaftsstrukturen beruhen also nicht auf ethnischen, traditionellen oder sozialen Faktoren, sondern auf ideologisch motivierter Gewalt der Rebellen und Paramilitärs. In den letzten Jahren offenbart sich allerdings ein wachsender Le-

---

[81] Durch die Zielsetzung dieser Gesetze versucht die FARC diesem Anspruch zu folgen: Während das erste Gesetz die Besserstellung der Bauern und das zweite die Zahlung einer Friedenssteuer für alle in Kolumbien wohnhaften Personen und Unternehmen vorsieht, verurteilt das dritte Gesetz Korruption in allen Ämtern. Da die staatliche Justiz der Korruptionsproblematik nicht ausreichend entgegentritt, sieht sich die FARC als Regierungsalternative, die in der Lage ist, die Ordnung in Kolumbien wieder herzustellen. Bei Verstößen gegen das dritte Gesetz sehen die Rebellen Strafen vor, die von der Arbeit in Armenvierteln bis zu lebenslangen Freiheitsstrafen reichen. Um ihren Anspruch auf Durchsetzung zu untermauern entführten sie beispielsweise einen der Korruption beschuldigten Bürgermeister (Maaß 2003: 58).

[82] Von November bis Anfang 2002 verfügte die FARC über eine entmilitarisierte Entspannungszone von einer Größe von 42.000km^2 – dies entspricht in etwa der Größe der Schweiz – im südöstlichen Andenvorland. Die FARC hatte die Übergabe des Gebietes durch die Regierung zur Bedingung für Friedensverhandlungen gemacht.

gitimitätsverlust der Rebellengruppen, da ihre Herrschaft zum Großteil auf selektivem Terror und Einschüchterung beruht. Von dieser Entwicklung scheinen die Paramilitärs zu profitieren, die durch massive Gewaltanwendungen versuchen, in ländlichen Regionen den Status als lokale Autorität zu erlangen (Mason 2001: 16).

6.3.3. Dominanz privater Gewalt

In engem Zusammenhang mit der Ausbildung gewaltbasierender paralleler Herrschaftsstrukturen ist die Dominanz privater Gewalt der wohl augenscheinlichste Faktor für den Staatszerfallsprozess in Kolumbien. Wie kaum ein anderes Land ist Kolumbien durch einen Jahrzehnte lang andauernden Bürgerkrieg gekennzeichnet, in dessen Mittelpunkt die Auseinandersetzungen zwischen bewaffneten Rebellengruppen und dem Staat stehen. Insbesondere durch die geographischen Besonderheiten – weite Teile des Landes sind von dichtem Regenwald überwuchert oder durch das Hochgebirge der Anden zerklüftet – ist der Staat seit seiner Gründung nur in begrenzten Maße in der Lage, auf dem gesamten Territorium administrativ und organisatorisch vertreten zu sein. Dieser Zustand konnte jedoch durch eine ausgeprägte Dezentralisierung des Staates und einen hohen Autonomiegrad regionaler Verwaltungen über Jahrzehnte hinweg ausgeglichen werden (Zelik/Azzellini 1999: 24ff). Während sich die urbanen Zonen weitestgehend unter staatlicher Kontrolle befinden, sind die staatlichen Institutionen in der dünn besiedelten Peripherie nur unzureichend oder überhaupt nicht vorhanden. Dies gilt vor allem für die Polizei und die Armee, die im Jahr 2001 in rund 25% der Fläche des Staates nicht präsent waren (Rabasa/Chalk 2001: 50).

Das eingeschränkte staatliche Gewaltmonopol wird dabei durch eine Vielzahl privater Gewaltakteure ersetzt. Vor allem die FARC und die ELN als die bedeutendsten Guerillagruppen mit 15.000-20.000 bzw. 5.000 Kämpfern unterminieren die Autorität des Staates in erheblichem Umfang. Darüber hinaus drängen in zunehmendem Maße die paramilitärischen Einheiten mit etwa 13.000 unter Waffen stehenden Kämpfern den Einfluss der kolumbianischen Zentralregierung zurück (Maaß 2003: 23 ff). Gegenwärtig kontrollieren Guerilla und Paramilitärs etwa 50%

des kolumbianischen Territoriums (Gratius/Kurtenbach 2003: 58), bei dem es sich jedoch ausschließlich um ländliche und überwiegend dünn besiedelte Gebiete handelt.[83] Dabei orientieren sich die Gewaltakteure bei der Eroberung von Gebieten weniger an Bevölkerungsanzahl, als an deren ökonomischem Potential. In diesem Zusammenhang sind die Haupteinnahmequellen der FARC die Besteuerung des Kokainhandels sowie Entführung mit Lösegeldforderungen, während sich die ELN weitgehend von der Drogenökonomie distanziert und sich neben Entführungen vor allem durch die Besteuerung und Erpressung von Ölgesellschaften finanziert (Janzen/Patel 2001: 3). Die AUC werden zwar zu Teilen durch private Gelder finanziert, partizipieren jedoch in wachsendem Umfang an der Drogenökonomie in Kolumbien; Mittlerweile kontrollieren sie ca. 70% der Drogenexporte (Azzellini 2003: 247).

Wenngleich die territoriale Basis der FARC und der ELN in den ländlichen Gebieten liegt, sind in immer stärker werdenden Umfang auch die Städte das Ziel von Entführungen und Anschlägen auf die Infrastruktur durch die Guerillagruppen. Zur Ausweitung ihres Einflussbereiches verstärken sie zudem die Einschüchterungskampagne gegen staatliche Amtspersonen, allen voran Bürgermeister und Gemeinderäte. Insgesamt wurden Drohungen gegen Politiker in 22 von 32 kolumbianischen Verwaltungsbereichen ausgesprochen, von denen einige aus Furcht vor Entführungen oder Ermordungen ihre Ämter bereits niedergelegt haben (Maaß 2003: 68).

Insgesamt lässt sich eine Etablierung eines umfangreichen Gewaltmarktes in Kolumbien feststellen, dessen Erlöse auf Dauer die regelmäßige Finanzierung der Gewaltakteure ermöglicht. Daher lässt sich auch eine Verstetigung der Dominanz privater Gewalt vermuten, da sowohl die Rebellen als auch die Paramilitärs nicht mehr an einer Beendigung der Kampfhandlungen und einer Einschränkung ihrer ökonomischen Unternehmungen interessiert sind. Im privaten Sektor schränken darüber hinaus private Selbstverteidigungseinheiten das staatliche Gewaltmonopol deutlich ein. Ursprünglich von Landeigentümern zum Schutz vor

---

[83] Etwa 70% der Kolumbianer leben in größeren Städten, was den Einfluss der Gewaltakteure auf die kolumbianische Bevölkerung trotz des beachtlichen territorialen Herrschaftsbereiches ein wenig relativiert (McLean 2002: 131).

Banditentum gebildet, übernehmen diese den Paramilitärs ähnelnden Einheiten inzwischen überwiegend den Schutz von industriellen Einrichtungen und anderer Produktionsstätten. Finanziert werden sie dabei von Industriellen, Großgrundbesitzer und transnationalen Unternehmen.

Neben diesen Privatarmeen treiben Auftragsmörder, so genannte *Sicarios*, die Dominanz privater Gewalt weiter voran. Sie entstanden in den 1980er Jahren im Rahmen der Ausbreitung der Drogenmafia, die bevorzugt Jugendliche für die Ermordung verfeindeter Clanmitglieder beauftragten. Mittlerweile hat sich eine regelrechte Auftragsmörderindustrie herausgebildet, die unabhängig von der Drogenmafia agiert und in der etwa 10.000 Personen als Vermittler oder Mörder tätig sind (Azzellini 2002: 117). Darüber hinaus hat sich in Kolumbien in den letzten Jahren das Geschäft der Lösegelderpressung rasant ausgebreitet. Allein zwischen 1997 und 2001 stieg die Zahl der Entführungen von ca. 1.700 pro Jahr um fast 80% auf über 3.000. Für die Ausbildung dieser „Entführungsindustrie" sind neben den Rebellengruppen zunehmend auch private Banden verantwortlich. Begünstigt wurden diese Entwicklungen durch hohe legale und illegale Verfügbarkeit von Kleinwaffen (Kline 2003: 177).

Kolumbien ist gegenwärtig durch ein deutlich zu Tage tretendes Ordnungsvakuum in weiten Teilen seines Territoriums gekennzeichnet. Durch die sich ausweitende Gewalt und Kriminalität sterben jährlich 25-35.000 Menschen eines gewaltsamen Todes. Auf 100.000 Einwohner kommen so pro Jahr 70 Gewaltopfer. Die Mordrate in Kolumbien ist damit dreimal höher als in Brasilien und zwanzigmal so hoch wie in Deutschland (Krumwiede 2000: 180). Angesichts dieser Zahlen hat das Vertrauen in die Konfliktlösungsfähigkeiten des Staates dramatisch abgenommen; Selbstjustiz und Gewaltmärkte höhlen zusätzlich die Legitimität des Staates aus.

6.3.4. Wegfall externer Unterstützung

Der Staatszerfallsprozess in Kolumbien lässt sich nicht in einen direkten Zusammenhang mit der Reduzierung oder dem Verlust externer Unterstützung bringen. Im Gegenteil: In den letzten Jahren ist eine Ausweitung von äußeren Einflüssen zu verzeichnen, die für den Zerfallsprozess von großer Bedeutung sind. Allen voran der 1998 in einer Absprache zwischen der Regierung Pastrana und der US-Regierung entwickelte *Plan Colombia* hat zu einer Destabilisierung und somit zu einer Verstärkung des Staatszerfalls beigetragen. Im Rahmen dieses 1999 in Kraft getretenen Plans unterstützte die USA Kolumbien mit 1,5 Milliarden US-Dollar zur Bekämpfung des Kokaanbaus in den Andenregionen. Der Großteil dieses Geldes wurde zur Stärkung von Armee und Polizei verwendet. Für die Durchsetzung des Plan Colombia entsandten die USA seit 1999 mehrere Hundert Militärangehörige jährlich nach Kolumbien, die zum einen kolumbianische Soldaten und Polizisten ausbildeten und zum anderen unmittelbar an Einsätzen gegen Kokabauern und Drogenproduzenten beteiligt waren. Dieses Unternehmen zeigte allerdings bislang wenig Wirkung, da eine militärische Zerschlagung der Drogenökonomie durch die engen Verknüpfungen zwischen Guerilla, Paramilitärs und der Drogenmafia wenig Aussicht auf Erfolg hat (Azzellini 2003: 241).

In einem weiteren Schritt sollten Kokafeldern in den Anden mittels des Einsatzes von Pestiziden und Herbiziden durch Sprühflugzeuge aus der Luft zerstört werden. Diese Einsätze führten allerdings nicht zu einer Verringerung, sondern zu einer Ausdehnung der Anbauflächen für Kokapflanzen: Da nicht nur Kokafelder, sondern gleichzeitig auch Getreide- und Maisanbauflächen besprüht wurden, verloren viele Bauern ihre Existenzgrundlage, woraufhin der Kokaanbau ihnen als einzige Alternative offen blieb.[84] Da von der finanziellen Unterstützung der USA nur 145 Millionen US-Dollar für alternative Agrarprojekte für Kokabauern vorgesehen waren, erwies sich der Plan Colombia als kein effektives Mittel zur Bekämpfung des Drogenanbaus. Vielmehr wurden zusätzlich Bauern zum Kokaanbau gezwungen, wodurch die Drogenökonomie sich weiter ausdehnte und die Rebellengruppen, Paramilitärs und die Drogenmafia profitierten.

---

[84] Koka unterscheidet sich von anderen Agrargütern nicht nur durch die zu erzielenden hohen Preise, sondern auch durch dessen Ertrag, da es bis zu viermal jährlich geerntet werden kann.

Für die Durchsetzung des Plan Colombia engagierten die USA verschiedene private Sicherheitsdienste, darunter DynCorp und MPRI, die neben der Besprühung der vermeintlichen Anbauflächen auch in bewaffneten Operationen involviert waren. Diese privaten Militärunternehmen (PMC) handeln dabei nicht im Auftrag der kolumbianischen Regierung, sondern auf Anordnungen der US-Administration (Büttner 2003: 14). Auf diese Weise wird nicht nur das staatliche Gewaltmonopol der kolumbianischen Regierung eingeschränkt, sondern zugleich deren Legitimität in den Augen der Bevölkerung reduziert.

6.3.5. Veränderungen der globalen wirtschaftlichen Rahmenbedingungen

Kolumbien verfügte im 20. Jahrhundert über die stabilste Volkswirtschaft Südamerikas und konnte von Beginn der 1930er Jahre ununterbrochen positive Wachstumsraten verzeichnen. Mitte der 1990er Jahre führte ein Preiseinbruch der Weltmarktpreise für Kolumbiens Hauptexportprodukte Erdöl und Kaffee zu einer starken Wirtschaftskrise, in deren Folge sich die Arbeitslosenquote auf 20% und die Armutsrate auf über 60% der Bevölkerung erhöhte (Blumenthal 2000: 4). Vielen Bauern wurde durch die sinkenden Preise die Existenzgrundlage genommen, so dass der Kokaanbau oftmals die einzige Alternative blieb. Seit Mitte der 1990er Jahre verzeichnet die Kokaproduktion einen Zuwachs von 250% während die für den Kokaanbau genutzten Agrarflächen mittlerweile eine Fläche von mehr als 180.000 ha einnehmen (Blumenthal 2000: 10); Inzwischen sind mehr als 800.000 Menschen direkt vom Kokaanbau abhängig (Maaß 2003: 78). Der Bereich der illegalen Wirtschaft breitet sich so immer weiter aus, was für den Staat nicht nur in fiskalischen Einbußen, sondern zugleich auch in einen zunehmenden Autoritätsverlust resultiert.

6.3.6. Bilanz: Ursachen des Staatszerfalls in Kolumbien

Am Beispiel Kolumbiens verdeutlicht sich die hervorgehobene Bedeutung der Dominanz privater Gewalt als maßgebliche Ursache des

Staatszerfallsprozesses. Diese ist vor allem auf die dauerhafte Präsenz der Rebellengruppen als landesweit agierende Gewaltakteure zurückzuführen. Daneben sind delegitime Formen staatlicher Herrschaft – insbesondere durch Korruption und oligarchische Regierungsformen durch die Nationale Front – von großer Bedeutung für den Zerfallsprozess, während parallele Herrschaftsstrukturen nur geringen Einfluss besitzen. Auf Seiten der exogenen Ursachen haben die Veränderungen der globalen wirtschaftlichen Rahmenbedingungen deutlichen Einfluss auf den Zerfall im Rohstoff exportierenden Land. Ein Wegfall externer Unterstützung ist hingegen nicht zu beobachten, sondern – ganz im Gegenteil – eine Ausweitung der US-Beihilfen, wodurch die Dynamiken den Staatszerfallsprozess zusätzlich beschleunigen werden.

6.4. Vergleich und Auswertung der Fallstudien

Nach der Betrachtung der Einzelfallstudien sollen die Beobachtungen in diesem Abschnitt zusammengeführt und analysiert werden. Vor dem Hintergrund der gewonnenen Erkenntnisse werden die einzelnen Ursachen nach ihren Ausprägungen in den jeweiligen Fallstudien miteinander verglichen. Ziel ist das Herausarbeiten der Ursachen für die Ausbildung des Staatszerfallsprozesses. Sie werden zu diesem Zweck den Kategorien „starke Ausprägung" (+++), „mittlere Ausprägung" (++), „geringe Ausprägung" (+) bzw. „keine Ausprägung (-)" zugeordnet (Abbildung 3).[85]

Das Ergebnis dieser Synthetisierung zeichnet ein ambivalentes Bild von den Ursachen des Staatszerfalls: Alle im Vorfeld hervorgehobenen Erklärungsfaktoren sind in den verschiedenen Staatszerfallsprozessen anzutreffen, sie treten allerdings in unterschiedlichen Ausprägungen auf. Lediglich für zwei der fünf aufgestellten Einflussmerkmalen ist eine deutliche Korrelation mit dem Auftreten von Staatszerfall zu erkennen: Zum einen sind in allen Fallstudien eindeutig delegitime Formen staat-

---

[85] Diese Zuordnung beruht auf einer qualitativen Einschätzung der Ergebnisse der jeweiligen Fallstudien, und dient vor allem der Veranschaulichung und Vergleichbarkeit der einzelnen Resultate.

licher Herrschaft zu beobachten, wobei sich insbesondere in Liberia und Tadschikistan die staatlichen Zerfallsprozesse auf das Vorhandensein neopatrimonialer Strukturen, Korruption, Wahlbetrug und Rent-Seeking zurückzuführen lassen. Auch in Kolumbien haben Korruption und systematische Einschränkungen der horizontalen Legitimität deutlichen Einfluss auf den Staatszerfallsprozess ausgeübt. Zum anderen lässt sich auch zwischen der Dominanz privater Gewalt und dem Staatszerfallsprozess eine Kausalbeziehung beobachten, was vor allem in Liberia und Kolumbien durch die dauerhafte Präsenz von bewaffneten Gewaltakteuren offen ersichtlich ist. In Tadschikistan kommt diesem Faktor allerdings nur eine untergeordnete Bedeutung zu. Weniger eindeutige Aussagen lassen sich indessen über das Vorhandensein paralleler Herrschaftsstrukturen treffen: Lediglich in Tadschikistan sind die stark ausgeprägten Regionalismen maßgeblich für den Zerfallsprozess verantwortlich. In Kolumbien und Liberia hingegen üben derartige Strukturen nur geringen bzw. keinen Einfluss auf den Staatszerfall aus.

Ursachen \ Länder	Liberia	Tadschikistan	Kolumbien
Delegitime Formen staatlicher Herrschaft	+ + +	+ + +	+ +
Parallele Herrschaftsstrukturen	-	+ + +	+
Dominanz privater Gewalt	+ + +	+	+ + +
Wegfall externer Unterstützung	+	+ +	-
Veränderung der globalen wirtschaftlichen Rahmenbedingungen	+ +	-	+ +

Abbildung 3: Merkmalsausprägungen der Ursachen von Staatszerfallsprozessen im internationalen Vergleich

Für den Einfluss externer Ursachen auf Staatszerfallsprozesse ergibt sich ebenfalls ein uneinheitliches Bild. Die Veränderungen in den globalen wirtschaftlichen Rahmenbedingungen weisen für die Zerfallsprozesse in Liberia und Kolumbien aufgrund der starken Rohstoffexporte einen eindeutigen Einfluss auf, wohingegen der Staatszerfall in Tadschikistan davon nicht beeinflusst wird. Der Wegfall externer Unterstützung ist als Grund für den Staatszerfall vor allem in Tadschikistan zu beobachten, während er in Liberia nur geringe Bedeutung besitzt. Im Gegensatz zu diesen Ländern sorgt in Kolumbien die Intervention der USA für eine Ausweitung des Zerfalls. Diese Beobachtungen verstärken die Einschätzung, dass es sich bei den externen Faktoren lediglich um Beschleuniger für das Auftreten von Staatszerfallsprozessen handelt, und nicht um die eigentlichen Auslöser.

Zusammenfassend lässt sich also festhalten, dass zwischen allen untersuchten Variablen und den Staatszerfallsprozessen zum Teil deutliche Kausalzusammenhänge bestehen, die jedoch zum Teil erhebliche fallspezifische Unterschiede aufweisen. Gleiches gilt für die Korrelation zwischen den einzelnen Variablen. So muss festgestellt werden, dass staatliche Zerfallsprozesse trotz der bestehenden empirischen Evidenz im Hinblick auf die ihnen zu Grunde liegenden Ursachen keinen einheitlichen globalen Trend konstituieren. Die Gründe für die Varianz bei der Untersuchung der Fallstudien verweisen auf weitere, hier nicht untersuchte Variablen, wie zum Beispiel regionalspezifische Besonderheiten (Kurtenbach/Mehler 2002). Aus diesem Grund bedarf es für weitere Untersuchungen des Staatszerfallphänomens der Einbeziehung einer regionalen Perspektive. Dabei ist davon auszugehen, dass unterschiedliche regionale Strukturen spezifische Voraussetzung für die Ausbildung von Staatszerfallsprozessen schaffen, die sich sowohl in den Ursachen als auch in der Prozessdynamik des Zerfalls wieder finden (Kurtenbach/Mehler 2002). Diese Annahme verdeutlicht sich vor allem an globalen Fragmentierung von Staatlichkeit (Senghaas 2003; Sørensen 2001) und spiegelt sich auch in den Ergebnissen der Fallstudien wider.

7. Zusammenfassung

Seit dem Ende des Ost-West-Konfliktes hat sich das Phänomen des Staatszerfalls zu einem der größten sicherheitspolitischen Herausforderungen im internationalen System entwickelt. Diese Entwicklung lässt sich darauf zurückführen, dass zum einen eine Zunahme der aufgetretenen Staatszerfallsprozesse in den 1990er Jahren zu beobachten ist, und zum anderen die von ihnen ausgehenden Instabilitäten in zunehmendem Maße auf die regionale und internationale Ebene exportiert werden. Das Phänomen des Staatszerfalls tritt vor diesem Hintergrund in dreifacher Hinsicht als Problem auf: Es ist erstens als ein *strukturelles* Problem zu verstehen, da sich der Staat in Teilregionen der Welt als politische Ordnungseinheit nicht mehr als funktionsfähig erweist. Zweitens stellt es ein *sicherheitspolitisches* Problem dar, da die Zerfallsprozesse häufig mit einer Eskalation gewaltsamer Konflikte einhergehen und auf diese Weise zum Problem für die regionale und internationale Sicherheit werden. Schließlich handelt es sich drittens auch um ein *systemisches* Problem, da sich ein Baustein des internationalen Staatensystems als nicht mehr funktionstüchtig erweist und so die internationale Ordnung von Staaten als *like units* in Frage stellt.

Angesichts dieser Problemfelder verwundert es nicht, dass das Phänomen des Staatszerfalls seit Beginn der 1990er Jahre verstärkt Eingang in die politische und wissenschaftliche Debatte gefunden hat. Es zeigt sich allerdings, dass trotz der intensiveren Problemwahrnehmung und einer stetig wachsenden Zahl an Publikationen immer noch deutliche Lücken in der wissenschaftlichen Erarbeitung des Phänomens festzustellen sind. Besonders deutlich spiegelt sich diese Einschätzung in dem Fehlen einer allgemeingültigen Definition des Staatszerfalls wider. Vor diesem Hintergrund wurde in dieser Arbeit der Versuch unternommen, das Staatszerfallphänomen theoretisch-konzeptionell zu erfassen, um dadurch diese immer noch bestehenden Defizite zu verringern.

Hinsichtlich der globalen Fragmentierung von Staatlichkeit hat sich gezeigt, dass eine gehaltvolle Analyse des Staatszerfalls nur dann Erfolg versprechend ist, wenn zunächst der Staat als die dem Zerfall zu Grunde liegende Organisationsform untersucht wird. Dabei wurde deutlich, dass das europäische Staatsmodell, das der internationalen Norm moderner Staatlichkeit entspricht, in vielen Teilbereichen der Welt zu keiner Zeit in die politische Wirklichkeit umgesetzt worden ist. Man muss daher von einem Typus semimoderner Staaten ausgehen, der im Vergleich zum modernen Staat in seinen herrschafts-, wohlfahrts- und sicherheitspolitischen Leistungen nur schwach ausgeprägt ist und innerhalb dessen das Problem des Staatszerfalls bereits latent vorhanden ist. Für die Untersuchung des Staatszerfallphänomens sind diese Besonderheiten semimoderner Staaten folglich auch zu berücksichtigen, da eine deutliche empirische Evidenz zwischen dem gleichzeitigen Auftreten des semimodernen Staatstypus und Staatszerfallsprozessen zu verzeichnen ist.

Von der Strukturebene aus gesehen lassen sich Staatszerfallsprozesse in Form verschiedener soziologischer, funktionalistischer und formalvölkerrechtlicher Aspekte beobachten, die gleichzeitig auch als Charakteristika zerfallener Staaten anzusehen sind. Zum einen handelt es sich beim Staatszerfall um den zunehmenden Verlust des staatlichen Gewaltmonopols und um den Rückgang der vertikalen Legitimität im Hinblick auf die staatliche Ordnung. Zum anderen bedeutet Staatszerfall die sich verstärkende Dysfunktionalität der administrativen und institutionellen Strukturen des Staates. Verlust und Dysfunktionalität fallen dabei umso stärker aus, desto größer die Entfernung bis zur Hauptstadt ist, so dass sich Teilregionen und insbesondere die Grenzen der staatlichen Kontrolle entziehen. Besondere Bedeutung in den Staatszerfallsprozessen kommt der fehlenden vertikalen Legitimität besondere Bedeutung zu: So entwickeln sich die Einschränkungen des staatlichen Gewaltmonopols und die eingeschränkten Funktionalitäten zumeist im Kontext des Verlustes staatlicher Herrschaft. Staatliche Zerfallsprozesse führen in den betroffenen Staaten zu einem Verlust der empirischen Staatlichkeit, wobei hingegen deren juristische Staatlichkeit im völkerrechtlichen Kontext nicht betroffen ist.

Hinsichtlich der Forschungsfrage nach den Prozessdynamiken des Staatszerfalls bleibt festzuhalten, dass der Zerfall staatlicher Strukturen entgegen den bisher vorliegenden Studien keinem linearen und unabwendbaren, auf den endgültigen Zerfall zulaufenden, Prozess entspricht. Dieser stellt vielmehr eine Momentaufnahme des staatlichen Entwicklungsprozesses dar, der Verlaufsmöglichkeiten sowohl in Richtung Zerfall als auch in Richtung Stabilisierung mit einschließt. Der Zerfallsprozess wird von unterschiedlichen Faktoren ausgelöst und beeinflusst. Der Grad des Zerfalls nimmt mit Anzahl der anzutreffenden Einflussvariablen und der Stärke ihrer Ausprägungen zu.

Ein weiteres Kernziel dieser Arbeit lag in der Erarbeitung der Ursachen des Staatszerfalls. Dabei hat die empirische Fallanalyse von drei vom Zerfall betroffener Staaten eine zum Teil deutliche Korrelation zwischen dem Auftreten der deduktiv erarbeiteten Einflussvariablen und dem Zerfall der untersuchten Staaten zeigen können. Staatszerfallsprozesse werden insbesondere durch delegitime Formen staatlicher Herrschaft sowie durch die Dominanz privater Gewalt ausgelöst. In den Fallstudien weisen diese beiden Faktoren eine besonders deutliche empirische Evidenz auf. Praktiken der Herrschaftssicherung und der Kriminalisierung des Staates wie Neopatrimonialismus, Korruption, Rent-Seeking und Klientelismus führen dabei zu einer Verschärfung der politischen, kulturellen und sozio-ökonomischen Konfliktpotentiale und diskreditieren auf diese Weise den Staat und seine Institutionen. Das Auftreten privater Gewaltakteure ist hingegen einerseits eine Reaktion auf derartige Herrschaftsformen, dient jedoch andererseits durch die Bildung und Ausweitung staatsfreier Räume auch der Verfolgung ökonomischer und politischer Interessen.

Vor diesem Hintergrund wird deutlich, dass der Zerfall von Staaten in einem engen Zusammenhang mit Einflüssen von der Akteursebene steht.[86] Dabei existiert ein enger Zusammenhang zwischen ökonomischen Interessen und der Bildung von Gewaltmärkten auf der einen Seite, und dem Zerfall staatlicher Strukturen auf der anderen Seite.

---

[86] In einigen Fällen (z.B. Liberia) streben die Gewaltakteure allerdings auch die Beibehaltung des Staates – vornehmlich nach dem europäischen Modell – an, da die Erfüllung der internationalen Norm von Staatlichkeit ihnen die Möglichkeit eröffnet, durch Staatsämter internationale Finanzhilfen zu akquirieren.

Darüber hinaus besteht auch zwischen der Präsenz paralleler Herrschaftsstrukturen und dem Staatszerfall eine offensichtliche Verbindung. Es zeigt sich, dass vor allem Konfliktlinien entlang staatlicher Ordnungs- und Autoritätsansprüchen einerseits, und nichtstaatlicher Herrschafts- und Loyalitätsbeziehungen andererseits von Bedeutung sind. Sowohl der Wegfall externer Unterstützung als auch die Veränderungen der globalen wirtschaftlichen Rahmenbedingungen sind daneben nur in geringem Maße für die Staatszerfallsprozesse verantwortlich zu machen. Daher stützt die empirische Analyse die Annahme, dass exogene Faktoren lediglich als Beschleuniger des Staatszerfalls fungieren, während hauptsächlich die endogenen Ursachen für das Entstehen des Zerfallsprozesses von Bedeutung sind.

Die in dieser Arbeit durchgeführten Untersuchungen können jedoch nur ein erster Schritt bei der Erfassung des Staatszerfallphänomens sein. In vielen Bereichen lassen sich weiterhin Defizite feststellen. So wurde bereits im Zusammenhang mit der begrifflichen Erfassung des Staatszerfalls auf Probleme der Terminologie hingewiesen. Wenngleich sich der Begriff des „Staatszerfalls" etablieren konnte, ist er weiterhin durch terminologische Ungenauigkeiten gekennzeichnet. So wird er dem Zustand nicht gerecht, dass vom Staatszerfall betroffene Staaten lediglich im Inneren zerfallen, während sie nach außen weiterhin bestehen bleiben. Darüber hinaus besteht keine eindeutige Abgrenzung zu Transformationsstaaten, die gewissermaßen auch durch einen Zerfall bestehender staatlicher Strukturen gekennzeichnet sind. Hier besteht grundsätzlich weiterer Forschungsbedarf.

Daneben lassen sich weitere Forschungsbereiche aufzeigen. Während die empirischen Folgen des Staatszerfalls bereits weitestgehend erfasst worden sind, bleiben juristische – und viel mehr noch – theoretische Implikationen weiterhin unklar. Aus völkerrechtlicher Perspektive bestehen immer noch Unklarheiten über den Umgang mit zerfallenen Staaten (Rezwanian-Amiri 2000: 108ff).[87] Dabei zeigt sich unter anderem ein deutliches Dilemma zwischen der Souveränitätsnorm zerfallener

---

[87] Die UN-Charta beispielsweise sieht den Fortbestand einer einmal zur Staatlichkeit gewordenen Gemeinschaft als selbstverständlich und bietet daher keine spezifischen Hinweise hinsichtlich des Umgangs mit zerfallenen Staaten (Tomuschat 1994: 681).

Staaten und dem damit verbundenen Interventionsverbot auf der einen, und den Möglichkeiten humanitärer Interventionen auf der anderen Seite. Darüber hinaus bleibt der Umgang mit zerfallen Staaten im Hinblick auf ihren Vertretungsanspruch und Mitgliedsstatus in internationalen Organisationen und im internationalen System nach wie vor ungeklärt. Schließlich stellt das Staatszerfallphänomen aus politikwissenschaftlicher Sicht und insbesondere aus der Perspektive der Internationalen Beziehungen weiterhin eine große Herausforderung dar. Speziell im Bereich der Theorie Internationaler Beziehungen bestehen noch große Lücken in der Erklärung des Staatszerfalls. Dies trifft vor allem auf systemische Theorien zu, die Staaten im internationalen System als *like units* verstehen. Vor allem hier besteht ein deutlich sichtbarer Handlungsbedarf nach weiterführenden Forschungsbemühungen.

Angesichts einer Vielzahl semimoderner Staaten und ungewissen wirtschaftlichen Entwicklungsprognosen für viele Länder der Dritten Welt ist das Auftreten weiterer Staatszerfallsprozesse auch in der Zukunft wahrscheinlich. Mit Blick auf die gegenwärtigen Situationen in der Elfenbeinküste, auf Haiti oder in Indonesien wird deutlich, dass Zerfallsprozesse in allen Teilregionen der Welt entstehen können. Vor allem im Subsahararaum deutet vieles darauf hin, dass Stabilisationsprozesse in absehbarer Zeit nicht stattfinden werden. Selbst vermeintlich stabile Regionen wie Europa sind nicht vor dem Entstehen substaatlicher anarchischer Strukturen geschützt, wie an den Zerfallsprozessen im ehemaligen Jugoslawien oder den chaotischen Zuständen in Albanien deutlich wird. In der Einschätzung des Staatszerfalls und seiner Folgen überwiegen bislang eher pessimistische Stimmen (vgl. u.a. Evans 1997; Kaplan 1994; Rotberg 2003; von Trotha 2000). Allerdings zeigen Beispiele wie Somaliland, dass auch in zerfallenen Staaten neue Strukturen von Autorität und Hierarchie herausgebildet werden können, die in der Lage sind, das Leben auf der substaatlichen Ebene im Rahmen gesellschaftlicher Gruppen zu organisieren. „Civil society continues to exist – indeed, even thrive – under state collapse – its inability to fill the national vacuum being paralleled by its vigor in local operations" (Zartman 1995b: 268). Für weitere Untersuchungen eröffnet sich damit ein Ansatz regionaler administrativer Strukturen, die anstelle übergeordneter staatlicher Strukturen einen „empirischen Staat im juristischen Staat" bilden und zumindest auf lokaler und regionaler Ebene zur Wiederherstellung von Stabilität beitragen können. Die Frage nach neuen Arten des Regierens in Räumen begrenzter Staatlichkeit eröffnet Platz für weitere Forschungsansätze. So bieten beispielsweise föderative Neugliederungen oder neue, nicht-hierarchische Steuerungsformen zerfallenen Staaten Alternativen zu traditionellen Regierungsformen. Darüber hinaus könnten auch – unter Rückgriff auf Global-Governance-Theorien – Mehrebenenansätze unter Einbindung internationaler, nationaler und lokaler Akteure neue Steuerungsmöglichkeiten anbieten.

Angesichts der vielerorts zu beobachtenden Relativierung des Idealtypus moderner Staatlichkeit sollte die Vorstellung alternativer Herrschaftsstrukturen und funktionaler Äquivalente akzeptiert werden. Unter diesen Blickwinkeln eröffnen sich nicht nur neue Bearbeitungsstrategien im Hinblick auf die Prävention von Staatszerfallsprozessen oder deren Folgen. Gleichzeitig könnten sich auch außen- und sicherheitspolitische Strategien besser auf die neuen Herausforderungen einstellen. Staatszerfall ist und bleibt jedoch auf absehbare Zeit eines der größten Gefahrenpotentiale des 21.Jahrhunderts, und nur durch neue Anstrengungen in der politischen und wissenschaftlichen Bearbeitung kann verhindert werden, dass sich Staatszerfallsprozesse zu einem dauerhaften endemischen Problem für das internationale System entwickeln.

8. Anhang

Abkürzungsverzeichnis

ATU: Anti-Terrorist Unit

AUC: Autodefensas Unidas de Colombia

CIA: Central Intelligence Agency

CNN: Cable News Network

ECOMOC: Economic Community of West African

          States Monitoring Group

ECOWAS: Economic Community of West African States

ELN: Ejército de Liberación Nacional

EU: Europäische Union

FARC: Fuerzas Armadas Revolucionarias de Colombia

GUS: Gemeinschaft Unabhängiger Staaten

IGC: International Crisis Group

IWF: Internationaler Währungsfond

LURD: Liberians United for Reconciliation and Democracy

MODEL: Movement for Democracy in Liberia

MPRI: Military Professional Resources Inc.

NPFL :   National Patriotic Front of Liberia

OECD: Organization for Economic Cooperation and Development

PMC: Private Military Companies

SSS: Special Security Service

USA: United States of America

UNDP: United Nations Development Programme

UNO: United Nations Organisation

9. Literaturverzeichnis

Alle angegebenen Webadressen waren gültig zum 2. November 2004.

African Faith and Justice Network (1997): The End Justifies the Means. 4. August. http://www.africanews.org/specials/afju0897.html

Abrahamsen, Rita (2001): *Democratisation - Part of the Problem or the Solution to Africa's 'Failed States'?* Konferenzpapier "The Global Constitution of Failed States: The Consequence of a New Imperialism?" Sussex, 10.-18. April 2001.

Anderson, Benedict (1998): *Die Erfindung der Nation - Zur Karriere eines folgenreichen Konzeptes.* Frankfurt a.M.: Ullstein.

Ayoade, John J. (1988): States Without Citizens: An Emerging African Phenomenon. In: Chazan, Naomi (Hrsg.), *The Precarious Balance: State and Society in Africa.* Boulder: Westview Press, 100-118.

Ayoob, Mohammed (1995): *The Third World Security Predicament: State Making, Regional Conflict, and the International System.* Boulder/London: Lynne Rienner.

Azzellini, Dario (2002): Konfliktverschärfung durch Drogenökonomie. Der Krieg der Reichen gegen die Armen. In: *Ungeheuer ist nur das Normale.* Frankfurt a.M.: Medico International, 112-129.

Azzellini, Dario (2003): Kolumbien - 100 Jahre Krieg gegen die Bevölkerung. In: Ruf, Werner (Hrsg.), *Politische Ökonomie der Gewalt: Staatszerfall und die Privatisierung von Gewalt und Krieg.* Opladen: Leske + Budrich, 235-264.

Baker, Pauline H./Ausink, John (1996): State Collapse and Ethnic Violence. In: *Parameters* Spring, 19-31.

Bakonyi, Jutta (2001): *Instabile Staatlichkeit.* Rep. 3, IPW, Hamburg.

Barak, Oren (2003): Lebanon: Failure, Collpase, and Resuscitation. In: Rotberg, Robert I. (Hrsg.), *State Failure and Weakness in a Time of Terror.* Washington, D.C.: Brooking Institution Press, 305-339.

Barker, Rodney (1991): *Political Legitimacy and the State.* Oxford: Oxford University Press.

Bayard, Jean-Francois/Ellis, Stephen/Hibou, Béatrice (1999): *The Criminalization of the State in Africa*. Oxford: Indiana University Press.

Beeman, William O. (1999): The Struggle for Identity in Post-Soviet Tajikistan. In: *Middle East Review of International Affairs*, (3) 4.

Bennet, Andrew/George, Alexander (1997): *Process Tracing in Case Study Research*. Konferenzpapier "MacArthur Foundation Workshop on Case Study Methods", Belfer Center for Science and International Affairs (BCSIA), Harvard University, 17.-19. Oktober 1997.

Benz, Arthur (2001): *Der moderne Staat*. München/Wien: R. Oldenbourg Verlag.

Biersteker, Thomas J. (2002): State, Sovereignty and Territory. In: Simmons, Beth A. (Hrsg.), *Handbook of International Relations*. London: Sage Publications, 157-176.

Biersteker, Thomas J./Weber, Cynthia (1996): *State Sovereignty as Social Construct*. Cambridge: Cambridge University Press.

Bischof, Henrik (1996): *Der Krieg in Tadschikistan: Zusammenprall der Zivilisation*. Rep., Friedrich-Ebert-Stiftung, Bonn.

Blumenthal, Hans R. (2000): *Kolumbien: Träume von Frieden, Realitäten des Krieges*. Rep., Friedrich-Ebert-Stiftung, Bonn.

Breuer, Stefan (1998): *Der Staat. Entstehung, Typen, Organisationsstadien*. Reinbek bei Hamburg: Rowohlt.

Bull, Hedley/Watson, Adam (1984): *The Expansion of International Society*. Oxford: Oxford University Press.

Büttner, Annette (2003): *Private Security Corporations als sicherheitspolitische Akteure in Entwicklungsländern. Risiken und Chancen des Einsatzes privater Sicherheitsunternehmen in Entwicklungsländern*. Rep., Konrad-Adenauer-Stiftung, Sankt Augustin.

Büttner, Annette (2004a): *Staatszerfall als neues Phänomen der internationalen Politik. Theoretische Kategorisierung und empirische Überprüfung*. Marburg: Tectum Verlag.

Büttner, Annette (2004b): *Wenn Chaos regiert. Staatszerfall in Entwicklungsländern: Ursachen, Folgen und Regulierungsmöglichkeiten.* Rep., Konrad-Adenauer-Stiftung, Sankt Augustin.

Buzan, Barry (1991): *People, States and Fear.* Boulder: Lynne Rienner.

Carment, David (2001): *Anticipating State Failure.* Konferenzpapier "Why States Fail and How to Resuscitate Them", 19.-21. Januar 2001.

Carment, David (2002): *Assessing Country Risk: Creating an Index of Severity.* Rep.

Carment, David (2003): Assessing State Failure: Implications for Theory and Policy. In: *Third World Quarterly*, (24) 3, 407-427.

CDI (1999): *Transcript. Small Arms and Failed States.* http://www.cdi.org/adm/1307/transcript.html

Cerny, Phillip G. (1993): Plurilateralism: Structural Differentiation and Functional Conflict in the Post-Cold War Order. In: *Millenium*, (22) 1, 27-51.

Chojnacki, Sven (2000): *Anarchie und Ordnung. Stabilitätsrisiken und Wandel internationaler Ordnung durch innerstaatliche Gewalt und Staatenzerfall.* Konferenzpapier "Internationale Risikopolitik", Berlin 2000.

Clapham, Christopher (1996): *Africa and the International System: The Politics of State Survival.* Cambridge/New York: Cambridge University Press.

Clapham, Christopher (1998): Degress of Statehood. In: *Review of International Studies*, (24), 143-157.

Clapham, Christopher (2000): *Failed States and Non-States in the Modern International Order.* Konferenzpapier "Failed States III: Globalization and the Failed State", Purdue University, Florenz, 7.-10. April 2000.

Clough, Michael (1992): *Free at Last: U.S. Foreign Policy toward Africa and the End of the Cold War.* Rep., Council on Foreign Relations, New

York.

Collier, Paul/Hoeffler, Anke (2001): *Greed and Grievance in Civil War.* Rep., Weltbank, Washington.

Crocker, Chester A. (2003): Engaging Failed States. In: *Foreign Affairs*, (82) 5, 32-44.

Dadmehr, Nasrin (2003): Tajikistan: Regionalism and Weakness. In: Rotberg, Robert I. (Hrsg.), *State Failure and Weakness in a Time of Terror*. Washington, D.C.: Brooking Institution Press.

Daun, Anna (2003): *Staatszerfall in Kolumbien.* Rep. 3/2003, Universität Köln, Köln.

de Montclos, Marc-Antoine (1999): Liberia oder die Ausplünderung eines Landes. In: Rufin, Jean-Christoph (Hrsg.), *Ökonomien der Bürgerkriege*. Hamburg: Hamburger Edition, 219-242.

Debiel, Thomas (2003): Staatsversagen, Gewaltstrukturen und blockierte Entwicklung. Haben Krisenländer noch eine Chance? In: *Aus Politik und Zeitgeschichte* B 13-14, 15-23.

Del Rosso, Stephen J. (1995): The Insecure State. In: *Daedalus*, (124) 2, 175-208.

Deng, Francis (1995): *Profiles in Displacement: Tajikistan.* Rep., Vereinte Nationen, New York.

Dorff, Robert H. (2002): *State Failure and Responding to It.* www.isanet.org/noarchive/dorff.html

Duffield, Mark (2000): Globalizations, Transborder Trade, and War Economics. In: Malone, David M. (Hrsg.), *Greeds and Grievance: Economic Agendas in Civil Wars*. Boulder: Lynne Rienner.

Ellis, Stephen (1995): Liberia 1989-1994: A Study of Ethnic and Spiritual Violence. In: *African Affairs* 94, 165-197.

Elwert, Georg (1997): Gewaltmärkte. Beobachtungen zur Zweckrationalität der Gewalt. In: von Trotha, Trutz (Hrsg.), *Soziologie der Gewalt. Kölner Zeitschrift für Soziologie und Sozialpsychologie, Sonderheft Nr. 37*. Köln, 86-101.

Erdmann, Gero (2002): Neopatrimoniale Herrschaft - oder: Warum es in

Afrika so viele Hybridregime gibt. In: Rüb, Friedbert W. (Hrsg.), *Hybride Regime. Zur Konzeption und Empirie demokratischer Grauzonen*. Opladen: Leske + Budrich, 323-342.

Erdmann, Gero (2003): Apokalyptische Trias: Staatsversagen, Staatsverfall und Staatszerfall - Strukturelle Probleme der Demokratie in Afrika. In: Rüb, Friedbert W. (Hrsg.), *Demokratie und Staatlichkeit. Systemwechsel zwischen Staatsreform und Staatskollaps*. Opladen: Leske + Budrich, 267-288.

Estel, Bernd (1997): Moderne Nationenverständnisse: Nation als Gemeinschaft. In: Hetlage, Robert/Deger, Petra/Wagner, Susanne (Hrsg.), *Kollektive Identitäten in Krisen. Ethnizität in Religion, Nation, Europa*. Opladen: Westdeutscher Verlag, 73-85.

Esty, Daniel C. et al. (1998): The State Failure Project: Early Warning Research for U.S. Foreign Policy Planning. In: Gurr, Ted R. (Hrsg.), *Preventive Measures. Building Risk Assessment and Crisis Early Warning Systems*. Lanham et al.: Rowman & Littlefield, 27-38.

Rat der Europäischen Union (2003): Ein sicheres Europa in einer sicheren Welt. Europäische Sicherheitsstrategie. 12. Dezember 2003. Brüssel

Evans, Peter (1997): The Eclipse of the State? Reflections on Stateness in an Era of Globalization. In: *World Politics*, (50) October 1997, 62-87.

Finnemore, Martha (1996): Constructing Norms of Humanitarian Intervention. In: Ruggie, John G. (Hrsg.), *The Culture of National Security*. New York: Columbia University Press, 153-186.

Flora, Peter/Kuhnle, Stein/Urwin, Derek (1999): *State Formation, Nation-Building, and Mass Politics in Europe*. Oxford/New York: Oxford University Press.

Frankenberger, Klaus-Dieter (2001): "Schwarze Löcher" der Weltpolitik. In: *Frankfurter Allgemeine Zeitung*, 2. Oktober, 16.

Gantzel, Klaus Jürgen (2002): *Neue Kriege? Neue Kämpfer?* Rep. 2, Universität Hamburg, IPW, Hamburg.

George, Alexander (1979): Case Studies and Theory Development: The

Method of Structured, Focused Comparisons. In: Lauren, Paul G. (Hrsg.), *Diplomacy - New Approaches in History, Theory and Policy*. London: The Free Press.

Giddens, Anthony (1987): *The Nation-State and Violence. Volume Two of a Contemporary Critique of Historical Materialism*. Cambridge: Polit Press.

Goldstone, Jack A. et al. (2000) State Failure Task Force Report: Phase III Findings. In.

Gratius, Susanne/Kurtenbach, Sabine (2003): Gewalt und Staatszerfall. Low-Intensity-Bürgerkriege in Kolumbien und Venezuela. In: *Internationale Politik* 11, 53-62.

Gros, Jean-Germain (1996): Towards a Taxonomy of Failed States in the New World Order. Decaying Somalia, Liberia, Rwanda and Haiti. In: *Third World Quarterly*, (17) 3, 455-471.

Gurr, Ted R. (o.J.): *CDI's Racher Stohl interviews Dr. Ted Gurr for "Small Arms and Failed States"*. http://www.cdi.org/adm/1307/Gurr.html

Harff, Barbara (1994): A Theoretical Model of Genocides and Politicides. In: *The Journal of Ethno-Development*, (4) 1, 25-30.

Harff, Barbara (1996): Early Warning of Humanitarian Crises: Sequential Models and the Role of Accelerators. In: Gurr, Ted R. (Hrsg.), *Preventive Measures. Building Risk Assessment and Crisis Early Warning Systems*. Lanham et al.: Rowman & Littlefield, 70-78.

Hartung, William D/Moix, Bridget (2000): *Dead Legacy: U.S. Arms to Africa and the Congo War*. http://worldpolicy.org/projects/arms/reports/congo.htm

Heinz, Wolfgang S. (1997): Die Menschenrechtssituation in Kolumbien. In: Zimmermann, Klaus (Hrsg.), *Kolumbien heute - Politik, Wirtschaft, Kultur*. Frankfurt a.M.: Vervuert Verlag, 199-212.

Herbst, Jeffrey (1990): War and the State in Africa. In: *International Security*, (14) 3, 117-139.

Herbst, Jeffrey (1996): Responding to State Failure. In: *International Se-*

curity, (21) 3, 120-144.

Hinsley, Francis H. (1986): *Sovereignty*. Cambridge: Cambridge University Press.

Hobsbawm, Eric (1983): Introduction: Inventing Traditions. In: Ranger, Terence (Hrsg.), *The Invention of Traditions*. Cambridge etc.: Cambridge University Press, 1-14.

Hobsbawm, Eric J. (1992): *Nationen und Nationalismus. Mythos und Realität seit 1780*. Frankfurt/New York: Campus Verlag.

Hobson, John M. (2000): *The State and International Relations*. Cambridge: Cambridge University Press.

Höffe, Otfried (1999): *Demokratie im Zeitalter der Globalisierung*. München: CH. Beck.

Holm, Hans-Henrik (1998): *The Responsibility that Will not Go Away. Weak States in the International System*. Konferenzpapier "Failed States and International Security: Causes, Prospects, and Consequences", Purdue University, West Lafayette, 25.-27. Februar 1998.

Holm, Hans-Henrik (1999): *The Disaggregated World Order. Foreign Policy towards Failed States*. Konferenzpapier "Failed States and International Security II: Sources of Prevention, Modes of Response, and Conditions of State Success and Renewal", Purdue University, 8.-11-April 1999.

Holsti, Kalevi J. (1996): *The State, War, and the State of War*. Cambridge: University Press.

Holsti, Kalevi J. (1997): *Political Sources of Humanitarian Emergencies*. Rep., UNU/WIDER, Helsinki.

ICG (2001): *Tajikistan: An Uncertain Peace*. Rep. ICG Asia Report Nr. 30, International Crisis Group, Osh/Brüssel.

ICG (2002): *Liberia: The Key to Ending Regional Instability*. Rep. Afrika Report Nr. 43, International Crisis Group, Brüssel.

ICG (2003a): *Liberia: Security Challenges*. Rep. Afrika-Report Nr. 71, International Crisis Group, Brüssel.

ICG (2003b): *Tackling Liberia: The Eye of the Regional Storm.* Rep. Afrika-Report Nr. 62, International Crisis Group, Brüssel.

Ipsen, Knut (1998): *Staatsrecht I (10. Auflage).* Neuwied: Luchterhand.

Jackson, Robert H. (1990): *Quasi-States: Sovereignty, International Relations, and the Third World.* Cambridge: Cambridge University Press.

Jackson, Robert H. (1993): Sub-Saharan Africa. In: James, Alan (Hrsg.), *States in a Changing World. A Contemporary Analysis.* Oxford: Clarendorn.

Jackson, Robert H./Rosberg, Carl G. (1985): The Marginality of African States. In: Carter, Gwendolen M./O'Meara, Patrick (Hrsg.), *African Independence: The First Twenty-Five Years.* Bloomington: Indiana University Press, 45-70.

James, Alan (1986): *Sovereign Statehood. The Basis of International Society.* London: Allen & Unwin.

James, Alan (1999): The Practice of Sovereign Statehood in Contemporary International Society. In: *Political Studies,* (47), 457-473.

Janzen, Leslie/Patel, Alpa (2001): *Economic Impact of Non-State Actors on National Failure – Colombia: A Case Study,*. Konferenzpapier "Failed States IV: Structures, Cases and Policies", Florenz, 11.-14. April 2001.

Jellinek, Georg (1929): *Allgemeine Staatslehre.*

Jessop, Bob (2003): The Future of the State in the Era of Globalization. In: *IPG* 3, 30-46.

Job, Brian L. (1992): The Insecurity Dilemma: National Regime, and State Securities in the Third World. In: Job, Brian L. (Hrsg.), *The Insecurity Dilemma. National Security of Third World States*: Lynne Rienner, 11-36.

Kaldor, Mary (2000): *Neue und alte Kriege.* Frankfurt a.M.: Suhrkamp.

Kaldor, Mary/Luckham, Robin (2001): Global Transformations and New Conflicts. In: *IDS Bulletin,* (32) 2, 48-69.

Kaplan, Robert (1994): The Coming Anarchy. In: *The Atlantic Monthly*, (273) 2, 44-76.

Kappel, Robert/Korte, Werner (1993): Liberia. In: Nuscheler, Franz (Hrsg.), *Handbuch Dritte Welt. Band 4: Westafrika und Zentralafrika*. Bonn: Dietz, 278-297.

Khadiagala, Gilbert M. (1995): State Collapse and Reconstruction in Uganda. In: Zartman, William (Hrsg.), *Collapsed State. The Disintegration and Resitoration of Legitimate Authority*. Boulder/London: Lynne Rienner.

King, Gary/Keohane, Robert O./Verba, Sydney (1994): *Designing Social Inquiry*. Princeton: Princeton University Press.

Kline, Harvey F. (2003): Colombia: Lawlessness, Drug Trafficking, and Carving up the State. In: Rotberg, Robert I. (Hrsg.), *State Failure and Weakness in a Time of Terror*. Washington, D.C.: Brooking Institution Press.

Körner, Peter (2003): *Liberia 2002*. Rep., Institut für Afrikakunde, Hamburg.

Korte, Werner (1997): Prozesse des Staatszerfalls in Liberia. In: *Welt Trends* 14, 55-80.

Krasner, Stephen D. (1996): Compromising Westphalia. In: *International Security*, (20) Winter 1995/96, 115-151.

Krasner, Stephen D. (1999): *Sovereignty. Organized Hypocrisy*. Princeton: Princeton University Press.

Krasner, Stephen D. (2001): *Problematic Sovereignty*. New York: Columbia University Press.

Krennrich, Michael (2000): Politische Gewalt in Lateinamerika. In: Krennrich, Michael (Hrsg.), *Politische Gewalt in Lateinamerika*. Frankfurt a.M.: Vervuert Verlag, 17-34.

Krumwiede, Heinrich W. (2000): Demokratie, Friedensprozesse und politische Gewalt. Der Fall Kolumbiens aus einer zentralamerikanischen Vergleichsperspektive. In: Krennrich, Michael (Hrsg.), *Politische Gewalt in Lateinamerika*. Frankfurt a.M.: Vervuert Verlag,

179-195.

Kurtenbach, Sabine/Mehler, Andreas (Hrsg.) (2002): *Die Vielfalt von Gewaltkonflikten. Analysen aus regionalwissenschaftlicher Perspektive.* Hamburg: Deutsches Übersee-Institut.

Lambach, Daniel (2002): *Staatszerfall im postkolonialen Afrika.* Marburg: Tectum Verlag.

Lindberg, Staffan I. (2001): Forms of States, Governance, and Regimes: Reconceptualizing the Prospects for Democratic Consolidation in Africa. In: *International Political Science Review,* (22) 2, 173-199.

Lock, Peter (1998): Privatisierung der Sicherheit oder private Militarisierung? Aktuelle Entwicklungen in Afrika. In: Institut für Afrikakunde (Hrsg.), *Afrika Jahrbuch 1997.* Opladen: Leske + Budrich, 71-82.

Lock, Peter (2001): Sicherheit á la carte? Entstaatlichung, Gewaltmärkte und die Privatisierung des staatlichen Gewaltmonopols. In: Martens, Jens et.al (Hrsg.), *Die Privatisierung der Weltpolitik: Entstaatlichung und Kommerzialisierung im Globalisierungsprozess.* Bonn: Dietz, 200-229.

Lowenkopf, Martin (1995): Liberia: Putting the State Back Together. In: Zartman, William (Hrsg.), *Collapsed State. The Disintegration and Restoration of Legitimate Authority.* Boulder/London: Lynne Rienner, 91-108.

Maaß, Beate Friederike (2003): *Staatsschwäche und Kriegsökonomie als zentrale Faktoren der Persistenz des kolumbianischen Krieges.* Rep. 2/2003, Universität Köln, Köln.

Mackinlay, John (2000): Defining Warlords. In: *International Peacekeeping,* (7) 1, 48-61.

Mair, Stefan (2000): Staatszerfall und Interventionismus als Determinanten der Entwicklung des afrikanischen Kontinents. In: Schmidt, Peter (Hrsg.), *Stabilität und Kooperation: Aufgaben internationaler Ordnungspolitik,* 161-175.

Mair, Stefan (2002): *Die Globalisierung privater Gewalt. Kriegsherren, Rebellen, Terroristen und organisierte Kriminalität.* Rep. S 10, Stiftung

Wissenschaft und Politik, Berlin.

Mariner, Joanne/Smart, Malcolm (2001): *The "Sixth Division". Military-Paramilitary Ties and U.S. Policy in Colombia.* Rep., Human Rights Watch, New York.

Marsall, Margarethe (1995): *Mittelasien. Die Entwicklung in Tadschikistan, Usbekistan, Turkmenistan und Kyrgystan seit der Unabhängigkeit.* Sankt Augustin: Siegler & Co.

Marshall, Monty G./Gurr, Ted R. (2003): *Peace and Conflict 2003. A Global Survey of Armed Conflicts, Self-Determination Movements, and Democracy.* University of Maryland: Tydings Hall.

Mason, Ann C. (2001): *Colombian State Failure: The Global Context of Eroding Domestic Authority.* Konferenzpapier "Failed States IV: Structures, Cases and Policies", Florenz, 11.-14. April 2001.

Mathews, Jessica T. (1997): Power Shift. In: *Foreign Affairs*, (76), 50-66.

Matthies, Volker (2000): Regionale Anarchie als globales Problem. In: Kaiser, Karl/Schwarz, Hans-Peter (Hrsg.), *Weltpolitik im neuen Jahrhundert.* Baden-Baden: Nomos, 222-232.

McLean, Phillip (2002): Colombia: Failed, Failing, or Just Weak? In: *The Washington Quarterly* Summer 2002, 123-134.

Menkhaus, Ken (2003): The Security Paradox of Failed States. In: *National Strategy Review*, (12) 3, 1-2.

Menzel, Ulrich (2001): Der Zerfall des postkolonialen Staates. In: *Aus Politik und Zeitgeschichte* 18-19, 3-5.

Migdal, Joel S. (1988): *Strong Societies and Weak States: State-Society Relations and State Capabilities in the Third World.* Princeton: Princeton University Press.

Migdal, Joel S. (2001): *State in Society: Studying How States and Societies Transform and Constitute One Another.* Cambridge: Cambridge University Press.

Münkler, Herfried (2001): Die privatisierten Kriege des 21. Jahrhunderts. In: *Merkur* 3, 222-234.

Mutschler, Andreas (2001): *Eine Frage der Herrschaft: Betrachtungen zum*

Problem des Staatszerfalls in Afrika am Beispiel Äthiopiens und Somalias. Münster: Lit Verlag.

Ng'ethe, Njuguna (1995): Strongmen, State Formation, Collapse and Reconstruction in Africa. In: Zartman, William (Hrsg.), *Collapsed State. The Disintegration and Resitoration of Legitimate Authority.* Boulder/London: Lynne Rienner, 251-266.

Nicholson, Michael (1998): *Failing States, Failing Systems.* Konferenzpapier "Failed States and International Security: Causes, Prospects and Consequences", Purdue University, 25.-27. Februar 1998.

Ohlson, Thomas/Söderberg, Mimmi (2002): *From Intra-State War to Democratic Peace in Weak States.* Rep. 5/2002, Department of Peace and Conflict Research, Uppsala.

Osterkamp, Rigmar (1995): Staatsversagen und Staatsinterventionismus als eine Ursache der "afrikanischen Krise". In: Mehler, Andreas (Hrsg.), *Afrika zwischen Dekolonisation, Staatsversagen und Demokratisierung.* Hamburg: Institut für Afrikakunde, 115-130.

Paes, Wolf-Christian (2002a): *Kleinwaffen - Eine Bedrohung für die "dritte Welt".* Rep., Bonn International Center for Conversion, Bonn.

Paes, Wolf-Christian (2002b): *"Neue Kriege" und ihre Ökonomien.* Rep. 24, Medico International, Frankfurt a.M.

Paes, Wolf-Christian/Aust, Björn (2003): Bürgerkriegsökonomien. Staatszerfall und Privatisierung von Gewalt. In: *Blätter für deutsche und internationale Politik* 10, 1229-1233.

Pegg, Scott (1998): *De Facto States in the International System.* Rep. 21, University of British Columbia, Institute of International Relations.

Rabasa, Angel/Chalk, Peter (2001): *The Colombian Labyrinth. The Synergy of Drugs and Insurgency and its Implications for Regional Stability.* Rep. Rand MR-1339-AF, RAND.

Reinhard, Wolfgang (2000): *Geschichte der Staatsgewalt. Eine vergleichende Verfassungsgeschichte Europas von den Anfängen bis zur Gegenwart.* München: Beck.

Reno, William (1997): Welthandel. Warlords und die Wiedererfindung des afrikanischen Staates. In: *Welt Trends* 14, 8-29.

Reno, William (2000a): Liberia and Sierra Leone: The Competition for Patronage in Resource-Rich Economies. In: Väyrynen, Raimo (Hrsg.), *Weak States and Humanitarian Emergencies: Failure, Predation, and Rent-Seeking*. Oxford: Oxford University Press, 231-259.

Reno, William (2000b): Shadow States and the Political Economy of Civil Wars. In: Malone, Mats Berdal; David M. (Hrsg.), *Greed and Grievance: Economic Agendas in Civil Wars*. Boulder/London: Lynne Rienner, 43-68.

Reno, William (2003): Security and the Challenge of Failed States. In: *National Strategy Review*, (12) 3.

Rezwanian-Amiri, Natalie (2000): *Gescheiterter Staat - Gescheiterte Intervention? Die humanitäre Intervention der UNO in Somalia*. Glienicke (Berlin): Galda und Wilch.

Riehl, Volker (2003): Der Ressourcenkrieg. Einige Voraussetzungen für eine friedliche Entwicklung im Kongo. In: *Blätter für deutsche und internationale Politik* 7, 862-870.

Riekenberg, Michael (1999): Warlords. Eine Problemskizze. In: *Comparativ* 5/6, 187-205.

Risse-Kappen, Thomas (1997): Vom Ost-West-Konflikt zur internationalen Unübersichtlichkeit. In: *Der Bürger im Staat*, (45) 1, 7.

Rotberg, Robert I. (2002a): Failed States in a World of Terror. In: *Foreign Affairs*, (81) 4, 127-140.

Rotberg, Robert I. (2002b): The New Nature of Nation-State Failure. In: *The Washington Quarterly*, (25) 3, 85-96.

Rotberg, Robert I. (2003): Failed States, Collapsed States, Weak States: Causes and Indicators. In: Rotberg, Robert I. (Hrsg.), *State failure and State Weakness in a Time of Terror*. Washington, D.C.: Brooking Institution Press, 1-28.

Rütsche, Bruno (2001): Kolumbien - Am Abgrund eines offenen Krieges. In: *Kolumbien – SFH-Infobörse* 4, 57-86.

Schlichte, Klaus (1995): *Staatszerfall und Krieg in Liberia*. Rep., Friedrich-Ebert-Stiftung, Bonn.

Schlichte, Klaus (1996): *Krieg und Vergesellschaftung in Afrika*. Münster: Lit Verlag.

Schlichte, Klaus (2000): Staatsbildung und Staatszerfall in der "Dritten Welt". In: Siegelberg, Jens; Schlichte, Klaus (Hrsg.), *Strukturwandel internationaler Beziehungen*. Wiesbaden: Westdeutscher Verlag, 260-280.

Schneckener, Ulrich (2003): Staatszerfall als globale Bedrohung. In: *Internationale Politik* 11, 11-19.

Schneckener, Ulrich (Hrsg.) (2004): *States at Risk - Fragile Staaten als Sicherheits- und Entwicklungsproblem*. Rep., Stiftung Wissenschaft und Politik, Berlin.

Senghaas, Dieter (2003): Die Konstitution der Welt - Eine Analyse in friedenspolitischer Absicht. In: *Leviathan*, (31) 1, 117-152.

Shaw, Malcolm N. (1997): *International Law*. Cambridge: Cambridge University Press.

Smillie, Ian (2002): *Dirty Diamonds. Armed Conflict and the Trade in Rough Diamonds*. Rep., Fafo Institute for Applied Social Science.

Solana, Javier (2003): Entwurf einer Europäischen Sicherheitsstrategie, vom Hohen Vertreter für die Gemeinsame Außen- und Sicherheitspolitik dem Rat der Europäischen Union vorgelegt am 20. Juni 2003 in Thessaloniki. In: *Internationale Politik* 9, 107-113.

Sørensen, Georg (1999a): *Development in Fragile/Failed States*. Konferenzpapier "Failed States and International Security II: Sources of Prevention, Modes of Response, and Conditions of State Success and Renewal", Purdue University, West Lafayette, 8.-11. April 1999a.

Sørensen, Georg (1999b): Sovereignty: Change and Continuity in a Fundamental Institution. In: Jackson, Robert (Hrsg.), *Sovereignty at the Millenium*. Oxford: Blackwell Publishers, 168-182.

Sørensen, Georg (2000): *Sovereignty, Security, and State Failure*. Konferenzpapier "Failed States III: Globalization and the Failed State", Purdue University, 7.-10. April 2000.

Sørensen, Georg (2001): *Changes in Statehood*. New York: Palgrave.

Spanger, Hans-Joachim (2000): *Failed States or Failed Concepts? Objections and Suggestions*. Konferenzpapier "Failed States III: Globalization and the Failed State", Purde University, Florence, 7.-11. April 2000.

Spanger, Hans-Joachim (2002): *Die Wiederkehr des Staates. Staatszerfall als wissenschaftliches und entwicklungspolitisches Problem*. Rep. 1/2002, HSFK, Frankfurt.

Spanger, Hans-Joachim (2003): *Staatszerfall und der "neue Imperialismus"*. Konferenzpapier "Die Zukunft des Friedens. Sichtweisen der jüngeren Generationen der Friedens- und Konfliktforschung", Arnoldsheim, 24.-26.10. 2003.

Takeyh, Ray/Gvosdev, Nikolas (2002): Do Terrorist Networks Need a Home? In: *The Washington Quarterly*, (25) 3, 97-108.

Tetzlaff, Rainer (1999): Der Wegfall effektiver Staatsgewalt in den Staaten Afrikas. In: *Die Friedenswarte*, (74) 3, 307-330.

Tetzlaff, Rainer (2000a): Afrika zwischen Zivilisierung und Zerfall des Staates: Zu den gewaltsamen Umbrüchen nach dem Ende des Kalten Krieges. In: Institut für Afrika-Kunde (Hrsg.), *Afrika-Jahrbuch*. Opladen: Leske + Budrich, 34-47.

Tetzlaff, Rainer (2000b): "Failing States" in Afrika. Kunstprodukte aus der Kolonialzeit und europäische Verantwortung. In: *Internationale Politik* 7, 8-16.

Tetzlaff, Rainer (2002): Die Staaten Afrikas zwischen demokratischer Konsolidierung und Staatszerfall. In: *Aus Politik und Zeitgeschichte* 13-14, 3-6.

Tetzlaff, Rainer (2003): Politisierte Ethnizität als Kehrseite politischer Partizipation in unsicheren Zeiten. Erfahrungen aus Afrika. In: *Welt Trends*, (38) Frühjahr 2003, 11-30.

Thompson, Janice E. (1995): State Sovereignty in International Relations.

Bringing the Gap Between Theory and Empirical Research. In: *International Studies Quarterly*, (39), 213-233.

Thürer, Daniel (1999): Der "zerfallene Staat" und das Völkerrecht. In: *Friedenswarte*, (74) 3, 275-306.

Tibi, Bassam (1993): Auf der Suche nach einer neuen Bestimmung. Mittelasien zwischen lokaler Ethnizität, Panturkismus und militantem Islam. In: *Frankfurter Allgemeine Zeitung*, 24. August.

Tilly, Charles (1975): Reflections on the History of European State-Making. In: Tilly, Charles (Hrsg.), *The Formation of National States in Western Europe*. Princeton: Princeton University Press.

Tilly, Charles (1985): War Making and State Making as Organized Crime. In: Skocpol, Theda (Hrsg.), *Bringing the State Back In*. Cambridge: Cambridge University Press, 169-191.

Tomuschat, Christian (1994): Ein neues Modell der Friedenssicherung tut Not. In: *Europa Archiv*, (49) 24, 677-684.

Weißes Haus (2002): The National Security Strategy of the United States of America. Washington, D.C.

van den Boom, Dirk (1996): Wandel durch Gewalt: Der Bürgerkrieg in Liberia. In: van den Boom, Dirk (Hrsg.), *Afrika: Stagnation oder Neubeginn?* Münster, 100-116.

Väyrynen, Raimo (2000): Weak States and Humanitarian Emergencies: Failure, Predation, and Rent-Seeking. In: Väyrynen, Raimo (Hrsg.), *War, Hunger, and Displacement*. Oxford: Oxford University Press, 437-479.

Vincent, Andrew (1987): *Theories of the State*. Oxford/New York: Basil Blackwell.

von Trotha, Trutz (1995): Gewalt, Staat und Basislegitmität. Notizen zum Problem der Macht in Afrika. In: Ortner-Buchberger, Claudia (Hrsg.), *Macht der Identität - Identität der Macht: Politische Prozesse und kultureller Wandel in Afrika*. Münster: Lit Verlag, 1-16.

von Trotha, Trutz (2000): Die Zukunft liegt in Afrika. Vom Zerfall des Staates, von der Herrschaft der konzentrischen Ordnung und vom

Aufstieg der Parastaatlichkeit. In: *Leviathan*, (28), 253-279.

Wallensteen, Peter (1998): *State Failure, Ethnocracy and Armed Conflict: Towards New Conceptions of Governance.* Konferenzpapier "Failed States and International Security: Causes, Prospects and Consequences", Purdue University, West Lafette, 25.-27. Februar 1998.

Waltz, Kenneth (1979): *Theory of International Politics.* New York: Random House.

Weber, Max (1956): *Soziologie, Weltgeschichtliche Analysen, Politik.* Stuttgart: Kröner.

Weber, Max (1972): *Wirtschaft und Gesellschaft.* Tübingen.

Weiner, Myron (1987): Political Change: Asia, Africa and the Middle East. In: Huntington, Samuel P. (Hrsg.), *Understanding Political Development.* Toronto: Little, Brown & Company, 33-64.

Wendt, Alexander (1999): *Social Theory of International Politics.* Cambridge: Cambridge University Press.

Wenzel, Maraike (2003): Liberia: Erfolgsstory eines Kriegsherren. In: *Blätter für deutsche und internationale Politik* 10, 1242-1244.

Widner, Jennifer A. (1995): State and Statelessness in Late Twentieth-Century Africa. In: *Daedalus*, (124) 3, 129-153.

Young, Crawford (1988): The African Colonial State and its Political Legacy. In: Chazan, Naomi (Hrsg.), *The Precarious Balance: State and Society in Africa.* Boulder/London: Westview Press, 25-66.

Zangl, Bernhard/Zürn, Michael (2003): *Frieden und Krieg.* Frankfurt a.M.: Suhrkamp.

Zartman, William (1995a): Introduction: Posing the Problem of State Collapse. In: Zartman, William (Hrsg.), *Collapsed State. The Disintegration and Resitoration of Legitimate Authority.* Boulder/London: Lynne Rienner, 1-11.

Zartman, William (1995b): Putting Things Back Together. In: Zartman, William (Hrsg.), *Collapsed State. The Disintegration and Resitoration of Legitimate Authority.* Boulder/London: Lynne Rienner, 267-273.

Zelik, Raul/Azzellini, Dario (1999): *Kolumbien. Große Geschäfte, staatlicher*

Terror und Aufstandsbewegungen. Köln: ISP.

Zürn, Michael (1998): *Regieren jenseits des Nationalstaates.* Frankfurt a.M.: Suhrkamp.